분단체제를 살아내며 넘나드는
탈분단 평화교육

/The Slash

분단체제를 살아내며 넘나드는 탈분단 평화교육
ⓒ피스모모

초판 1쇄 2019년 1월 10일
     2쇄 2020년 12월 17일
2판 1쇄 2022년 2월 24일

기　　획　피스모모
펴 낸 곳　더슬래시
주　　소　서울시 서대문구 통일로 365 1층 & 3층
전화번호　02-6351-0904
이 메 일　peacemomo0904@gmail.com
홈페이지　www.peacemomo.org
페이스북　www.facebook.com/peacemomo0904
사　　진　광희, 아영
디 자 인　소행성디자인
인　　쇄　도울인쇄

차례

서문 오래된 미래, 탈분단 · 5

1. 분단의 의미 · 11
2. 왜 탈분단인가? · 19
3. 분단폭력에 대해 생각하기 · 29
4. 분단폭력과 교육 · 43
5. 평화세우기와 교육 · 55
6. 탈분단 평화교육의 전망과 과제 · 93
7. 탈분단 평화교육의 사례 · 115

부록

탈분단 평화교육과 P.E.A.C.E. 페다고지 · 129

/ 서문
오래된 미래, 탈분단

적대와 혐오가 넘실대는 2018년의 한국사회. 미세먼지로 뿌연 잿빛 하늘만큼이나 마음도 어두워지는 듯한 나날입니다. 어쩌다 이렇게까지 되었을까 싶지만, 곰곰이 생각해보면 우리 사회가 이렇게까지 나빠진 것은 놀라운 일은 아닌 것 같습니다.

"거동이 수상한 사람을 보면 신고해 달라."
"국가의 투철한 안보는 시민들의 신고정신에서 시작된다."

70여 년간 지속되어 온 분단, 전쟁의 공포와 분단 저편의 적에 대한 두려움은 교육을 통해 꾸준히 학습되었습니다. 반공교육, 멸공교육, 승공교육, 안보교육, 호국안보교육, 통일안보교육, 나라사랑교육...부르는 이름은 달라졌을지 몰라도, 그 교육이 담고 있던 메시지는 한결같았습니다.

'외부의 적'으로부터 '우리'를 지키는 것.
적과 내통하는 '내부의 적'을 척결해서 '우리'를 지키는 것.

하지만 '우리'가 누구인지에 대해서는 정작 질문하지 않았습니다. '북한은 헤어진 가족이고 함께해야 할 한민족이지만 동시에 언제나 경계를 늦출 수 없는 주적이었습니다. 통일을 이야기해왔지만 '적'과 하나가 된다는 의미에 대해 지금까지의 교육은 전혀 담아내지 못했습니다. 한민족이라고 불리는 북한은 '우리'에 포함되어야 할 것 같은데 경계를 늦출 수 없는 적으로 불리는 북한은 방출의 대상이었습니다. 북한을 어떻게 바라보아야 하는지 누구도 충분한 이야기를 가지고 있지 못했습니다.

이 책은 남한 사회에서 '분단'이란 대체 무엇인지, 휴전선 이남 한반도에서 살아가는 사람들, 개개별의 존재에게 '분단'이란 대체 무엇인지 질문합니다. 이 질문의 방식들은 조금 낯설게 느껴질 수도 있습니다. '분단'은 남한 사회에 어떤 영향을 주었을까요? '분단'은 한반도 이남을 '우리'라는 단일한 존재로 상상하게 했는데, 그것은 '분단'이 유지되는데 어떤 영향을 주었을까요? '분단'과 '교육'은 어떤 관계에 있을까요? '분단'을 세밀하게 들여다본다는 것은 어떤 의미를 가질까요?

분단은 과거의 사건이 아닙니다. 분단은 우리의 일상에 촘촘하게 엮어져 들어오는 지금, 여기의 사건입니다. 분단이 진행되어 온 시간 동안 '빨갱이 담론'은 이 사회를 지배해왔습니다. 조금만 생각이 달라도 '빨갱이'라고 불릴 수 있는 사회에서 분단은 지리적으로 남과 북 사이에만 존재하지 않습니다. 일상에서 벌어지는 주류와 비주류, 정상과 비정상, 애국과 매국 사이에 자리 잡은 격차들은 지리적 분단을 떠받치는 일상의 분단으로 작동 또는 오작동[1] 해왔습니다. 분단을 과거에 일어난 역사적 사건으로 파악하게 되면 통일 역시 미래에 올 하나의 사건으로 축소됩니다.

그러나 분단을 세밀히 읽어내면서 그로부터 벗어나는 탈분단의 움직임들을 파악하기 시작하면 이 작동과 오작동과 모든 흐름을 하나의 종착지, 통일로 명명하는 것이 불편해질 수도 있습니다. 불편함과 차이를 마주하면서 조금더 불편해지면서 그 이질감을 극복해가는 일련의 과정들을 하나의 열린 여정으로 생각할 수 있지 않을까요? 탈분단 평화교육이라는 주제어는 이 여정을 표현해본 하나의 이름입니다.

단일한 '우리'를 상정하고 수 없이 많은 존재들을 '그들'이라는 규정으로 배제해왔던 한국 사회의 경험은 '국가안보'라는 이름으로 공포와 두려움, 적대와 혐오의 메시

---

[1] 2018년 11월 24일 피스모모 '전쟁의 북소리에 춤추지 않는 교육'에서 노순택 사진사의 발제 중.

지를 한국 사회 구성원들의 마음과 삶에 지속적으로 주입하기에 충분했습니다. 그리고 그렇게 주입된 메세지들은 분단을 수행(perform)하는데 주요한 자원이 되었습니다.

이 작은 책을 통해 함께 생각해보고 싶은 질문들은 아래와 같습니다.

'분단이란 나에게 무엇인가'
'나는 분단을 어떻게 수행해왔는가'
'분단은 교육을 통해 어떻게 작동해왔을까'

거대한 체제, 구조에서의 '분단'이 아니라 내 일상에서 '분단'은 어떻게 경험되어 왔을까요? 분단 사회에서 분단을 구성해오고 또 수행해왔던 '나'는 누구이며 '우리'는 누구일까요? '분단 너머'가 이미 존재하는 결과가 아니라 이 사회의 구성원들을 통해 만들어지는 것이라면 어떠한 '분단 너머'를 만들어갈 것인지에 대해 교육의 관점에서 함께 생각해보고 또 행동해보고 싶습니다.

2018년 11월,
문아영, 이대훈 드림

1. 분단의 의미

미국과 소련의 남북 분할점령을 기준으로 생각하면 한반도의 분단은 2018년 기준으로 73년이 되었고, 남북한 개별의 정부수립을 기준으로 생각하면 2018년은 한반도 분단 70년이 됩니다. 한국사회의 근현대사에서 분단과 통일은 첨예한 이념갈등의 요인으로 작동해왔습니다. 하지만 2018년 평창 올림픽을 기점으로 남북관계의 급격한 진전이 시작되었고 이 전환은 한국 사회에서 평화와 통일에 대한 논의와 염원이 확산되는데 큰 영향을 주고 있습니다.

남북관계의 전환은 뉴스에서 접하는 전문가의 설명이나 정치인들의 발언을 통해서만 목격되지 않습니다. 소셜네트워크 상에 넘쳐나는 평양냉면에 대한 간절함이나 언젠가 북한을 통해 백두산에 가겠다는 이야기들은 이미 분단의 문제가 나의 삶, 나의 일상과 매우 긴밀하게 연결되어 있음을 보여줍니다. 변화하는 남북관계 속에서 살아가는 우리에게 분단이 극복된 이후의 삶과 사회를 상상하는 것은 이제 피할 수 없는 과제가 되었습니다.

분단은 그 이전에 하나의 국가가 존재했고 하나의 '민족'이라고 불리던 사람 공동체가 있었다는 역사인식에서 출발합니다. 이 역사 인식에 기초하여 같은 장소에 두 개의 국가가 존재하게 된 상황을 분단이라 불러왔습니다. 물론 한반도라는 지리적 공간에 '하나의 민족'이 장기간 존재하고 주체적 역할을 했다는 인식에 대해 여러 논란이 있을 수 있지만 그 논란에 대해서 이 책에서 다루지는 않겠습니다.

한반도에 두 개의 국가체제가 출현한 것, 즉 '분단'은 1945-1948년에 미소 분할점령으로 시작되어 1950-53년 한국전쟁을 통해 확정되었습니다. 지리적으로는 한반도가 두 개로 나뉜 것이고, 정치적으로는 조선과 대한제국으로 정체성을 갖추기 시작한 정치단위가 적대적인 두 개의 국가로 '분단되었다'는 인식이 형성되는 과정이었습니다. 하지만 '분단'은 지리적인 면, 정치적인 면에서 두 개로 나누어진 것보다 훨씬 더 복잡하고 다양한 변화를 만드는 원인이 되었습니다.

물리적인 분리와 단절은 분단의 대상에 대한 적대감을 만들어 냈고, 적대감은 전쟁을 정당화했으며 전쟁은 분단을 더욱더 강고하게 만들었습니다. 분단된 두 국가는 그에 상응하는 제도와 정책을 만들어 갔고 분단 이후 두 국가는 상호적대의 관계 속에서 개별의 정체성을 만들어왔습니다. 이 과정에서 두 국가를 구성하고 있는 사람들의 마음과 생활에도 상응하는 패턴이 만들어지게 된 것입니다.

밟고 싶은 땅을 밟을 수 없게 하는 분단체제, 만나고 싶은 사람을 만나지 못하게 하는 분단체제, 협력과 대화보다는 협박과 단절을 만들어 내는 분단체제, 환대와 우정보다는 적대와 혐오를 정당화 하는 분단체제, 친구가 아닌 적을 찾아내기에 최적화된 분단체제, 평화를 사랑하는 듯하지만 무기와 군사주의를 숭배하는 분단체제, 남북으로 나누고, 흑백으로 나누고, 찬반으로 나누어 온 분단체제는 한반도의 구성원들의 삶에 깊숙이 스며들어 일상에서의 분단과 분절을 만들어 온 것입니다.

그렇기 때문에 70여년의 분단에서 탈피하는 일은 간단하지 않습니다. 기간도 오래되었을 뿐더러 '전쟁'이라는 끔찍한 경험을 전면적으로 경험했으며 지속적인 군사대립 속에서 살아온 한반도 구성원들에게 삶은 분단을 중심으로 구성되었고 국가 역시 분단체제 속에 공고해져 왔기 때문입니다. 북한을 '북조선'이라 부르는 일도 낯선 일이 되었고 이웃하고 있는 북한이 채택하고 있는 공식 명칭인 '조선인민민주주의공화국'이라는 이름은 가장 먼

곳에 있는 나라의 이름처럼 생소하기까지 합니다.

지척에 살고 있는 이웃들의 말씨는 개그의 소재가 되었고 북한에 대해서 좋게 이야기 하는 것은 찬양으로 해석되어 구금의 위험을 감수해야 하는 상황이 되었습니다. '친북'이냐 '반북'이냐의 이분법적 판단과 종북좌파라는 호명이 횡행했고 중요한 선거를 앞두고는 때마다 불어오는 '북풍'을 온 몸으로 맞게 되는 기이한 경험을 해야 했습니다.

한 때 천만명을 넘는 것으로 집계되었던 이산가족들이 불과 40km 떨어진 거리에 살면서도 어떤 통신 수단으로도 교류할 수 없다는 사실이 당연한 것으로 받아들여지는 와중에도 한국 사회는 세계 최고 수준의 IT 역량을 자랑해왔습니다. 당연하지 않은 것들이 당연하게 여겨져 온 긴 세월 동안 분단은 제도로 정착되어 분단의 정당성에 대해 질문하는 일조차 어렵게 느껴지는 문화를 형성했기 때문입니다. 분단체제를 정당화하는 문화형성에 기여한 제도들이라 함은 반공-반북 정책과 안보관련 국가기구와 법제도, 그리고 반공교육과 안보교육, 나라사랑교육 등을 꼽을 수 있겠지요.

분단체제를 공고하게 만들어왔던 작용만큼이나 분단상태를 탈피하기 위한 다양한 시도도 있었지만 북한을 주적으로 규정한 이상, 북한과의 관계 개선을 위한 개인들의 노력은 반국가행위로 규정되는 위험부담을 감수해야 했습니다. 과거 문익환 목사, 임수경 님, 문규현 신부 등 많은 사람들이 북한 사람들과 남북한의 평화와 통일에 관한 대화를 나눈 이유로 큰 고초를 겪었습니다. 물론 분단상태 탈피에 대해 그리는 그림 역시 단일하지는 않았습니다. 남과 북이 대등한 주체로서 분단을 벗어나는 것에 대한 목소리도 존재했지만 분단상태를 탈피하는 취지에서 남한이 북한을 흡수하는 방식으로 한반도 통일을 이루어야 한다는 흡수통일론이 두각을 나타낸 일도 종종 있었습니다.[2]

한국전쟁 직후부터 사용된 '국토수복(國土修復)'이라는 용어는 북한을 불법적 점령지역으로 전제하고 이를 수복하는 것이 정상으로 회복되는 것이라 전제합니다.[3] 이와 같은 접근, 즉 흡수통일 개념은 반공의 틀과 만나며 그 안에서 언어화되고 정당화되어 왔습니다. 이 전통을 이어 극단적 사상을 가진 논객들은 "역사상 모든 통일은 흡수통일"이라고 주장하기도 하고, 유사한 언론에서는 '평화통일보다 흡수통일이 더 현실적이며 제일 유망한 통일가능성'이라고 주장하기도 합니다. 흡수통일론은 한

---

[2] 한종수 (2002) 독일의 국가연합과 한반도 통일방향, 國際政治論叢 제42집 2호, pp.175-194

[3] 정혜인 (2013), 한반도 평화체제 구축을 위한 헌법적 고찰전남대학교 세계한상문화연구단 2013 추계공동학술대회, pp.5-23

반도의 남쪽이 북쪽을 "흡수"한다는 의미입니다. 흡수한 결과 전체나 남한처럼 되어야 한다는 당위성을 내표합니다. 실제 흡수통일론은 60여년전 유엔군과 국군에 의해 시도되었다고 볼 수 있지만 북한주민들의 지지를 얻는데 실패했습니다. 결과적으로 이런 시도는 분단을 더욱 심화시키는 요인으로 작동했다고 평가받고 있습니다.[4]

다른 사회를 '흡수'하겠다는 접근, 그런 의미에서의 '흡수'라는 개념은 매우 폭력적입니다. 다른 체제를 우리식으로 흡수하겠다는 입장의 폭력성을 생각하면 흡수통일론은 이미 그 자체로 대결지향적이라고 하겠습니다. 그런데 서로 대척점에 서 있던 두 가지 통일론, 평화통일론과 흡수통일론은 그런데 모두 남북한이 조만간 대재앙 없이 하나의 체제로 변화할 수 있다는 전제를 공통으로 갖고 있습니다.

---

4) 한상훈(2012), 전쟁과 인민, 돌베개. pp.162-163

2. 왜 탈분단인가?

탈분단론은 통일론과 상당히 다른 전제와 관점을 가지고 시작되었습니다. 탈분단론을 기존의 통일론과 비교하여 보자면 다음의 특징을 가집니다. 우선 '통일'이라는 개념을 앞에 내세우지 않습니다. 또한 통일론이 분단을 하나의 체제로 본다면 탈분단론은 그 이름에서부터 기존 체제로부터 새로운 체제로의 변화와 그 과정에 대한 초점을 드러내고 있습니다. 즉, 분단과 통일을 모두 과정적 관점에서 검토한다는 데에서 분단과 통일을 '상태'로 규정하는 통일론과 구분됩니다.

백낙청은 일찍이 분단체제론을 통해서 탈분단의 방향을 설정해왔습니다. 분단체제론을 요약해보면 첫째, 분단체제의 성격은 기본적으로 '반민주적'이며 '비자주적'입니다. 분단체제는 통일독립국가에 대한 민중적 요구에 역행하는 일이었고 강요된 결과였으므로 민주주의에 반하는 의사결정이었습니다. 또한 그 분단 상태가 수십 년간 지속되면서 분단을 통해 이익을 취하는 소수 남북한의 기득권 세력을 제외한 대다수의 남북한 민중은 자유를 박탈당하며 타자화되었습니다.[5]

둘째, 남한 사회가 경험하는 분단국의 현실은 분단체제의 일부로 존재하는 사회의 현실입니다. 백낙청은 남북한의 점진적인 통합을 고려하지 않은 사회발전운동은 "후천성 분단인식 결핍 증후군"이라 명명하기도 했습니다.[6] 셋째, 분단은 하나의 사건이거나 거대 구조로 존재하는 것이 아니라 남북한 사회를 살아가는 주민들의 일상생활에 촘촘하게 스며들어 있습니다. 이는 분단의 '체제적' 성격에서 비롯되는 것인데, 분단체제 내의 일상적 생활은 당연히 그 체제의 영향을 받기 때문입니다.[7]

조우현, 조영주는 이러한 논지를 반영하여 다음과 같이 말했습니다. "분단을 제외하고 한국사회의 근현대사와 오늘의 현실을 논하기는 어렵다. 1945년 이래로 분단은 한반도의 정치, 경제, 사회 등 각 부분에 지대한 영향을 끼쳐왔다. 남북한 정권은 분단현실의 적대적 관계를 통

---

5) 백낙청 (1998), 흔들리는 분단체제, 창비, p.104, p.161
6) 백낙청 (2009), 어디가 중도며 어째서 변혁인가. 창비, pp.271-272
7) 조우현, 조영주, "분단연구의 동향과 과제", 북한학연구 제10권 제2호, 2014.

해 독재정권을 정당화하고 통치의 수단을 확보해 왔으며, 그 과정에서 정치이념과 정치발전의 비정상적이고 기형적 형태가 만들어졌다. 과도한 군사비 지출 등 소모적인 체제경쟁으로 인해 정상적인 사회발전이 지체되었는가 하면 남북한의 대중은 분단으로 인한 기본적 권리 침해를 오랜 기간 겪어 왔다.[8]"

시민사회의 평화운동을 주목해 온 박순성과 홍민, 조영주 등의 연구자들은 '탈분단'에 대한 연구를 통해 통일학과 북한학에 새로운 장을 열었습니다. 홍민은 분단이 '행위자-네트워크'를 통해서 '수행(perform)'되고 있다고 보고 '분단체제를 민족주의에 기반한 체제이자 구조이며 질서이자 습속(習俗)'이라고 정의했습니다. 그리고 이러한 접근을 '수행적 분단론(performative division perspective)'라고 부르는데요. 여기서 수행성(performativity)은 "행위, 수행, 과정 뒤에는 어떤 '존재'도 없다[9]"고 보는 주디스 버틀러(Judith Butler)등의 수행성이론을 도입한 것입니다.[10]

수행적 분단론의 특징은 분단이 수행되는 것이라고 본

---

8) 조우현, 조영주, 위 자료.
9) 프리드리히 니체가 <도덕의 계보>에서 했던 말을 주디스 버틀러의 <젠더트러블>에서 재인용.
10) 주디스 버틀러(2008), 젠더트러블, 문학동네, 조현준 역. pp.23-24.

다는 점입니다. 즉, 분단을 하나의 주어진 상태로 보는 것이 아니라 수행되는 것이자 분단을 구성하는 구성원들이 수행하는 것으로 생각합니다. 그렇기 때문에 수행적 분단론은 사회를 구성하고 있는 구성원들의 일상과 그를 둘러싼 사회구조와 문화를 분단체제와 연결시킵니다. 즉 분단이 수행되는 방식, 사회를 구성하고 있는 개개인을 비롯한 다양한 행위 주체들이 분단을 어떻게 받아들이고 타협하며 수행해가는가에 관심을 기울이는 것입니다.

즉, 수행적 분단론의 접근은 분단이 우리 외부에 있는 거대한 체제나 구조로 존재(being)하는 것이 아니라 우리 몸에 기입되고 수행되는 것을 통해 행해지는(doing) 것이라는 접근이며 이는 다시 말하자면 나는 분단을 수행하는 위치에 있으며 분단은 나를 통해 수행되는 것이라는 의미입니다.

수행적 분단론의 중요한 문제의식을 연구자들의 문장을 인용해 살펴보겠습니다.[11]

"분단은 전쟁과 이데올로기로만 우리의 일상에 내재되어 있는 것은 아니다. 일상의 다양한 경험 속에서 여러 형태

---

11) 조우현, 조영주, 분단연구의 동향과 과제, 북한학연구 제10권 제2호, 2014, pp.52-54.

로 분단은 존재한다."

"분단이 고정되어 있는 구조가 아니기 때문이기도 하고 주체의 다양한 위치성들이 분단을 다르게 경험하게 하기 때문이다."

"분단은 개개인의 일상과 의식을 구성하는 담론이자 구조이면서 개인의 체화된 경험이다. 때문에 이미 주어지고 고정된 개념으로서 분단을 다루기보다 경험 속에서 재구성되어야 할 개념으로서 분단을 접근함으로써 분단의 다층적이고 다중적인 형태와 성격을 규명할 필요가 있다."

"단수의 구조로서 분단이 아닌 실재하는 다양한 분단들에 주목하는 것이다."

"이러한 일상화된 분단들에 대한 접근은 탈분단의 가능성을 구체화시킬 수 있다는 점에서 의미를 갖는다. 왜냐하면 당위론적인 분단 극복과 해소라는 언설을 구체적인 실천으로 가시화시킬 수 있기 때문이다."

"극복해야 할 대상으로서 분단을 다루되 '분단'이 설명되지 못한다면 무엇을 어떻게 극복해야 하는 것인지, 극복한 상태가 어떤 상태인지에 대한 구체적인 내용이 부재하게 된다. 그러므로 우선적으로 필요한 것은 다양한 분단들을 드러내는 일이다."

"분단의 일상화는 분단을 일상적으로 체험하는 것일 수도 있지만 분단을 인지하지 못하고 자연스러운 상태로 받아들이는 것이기도 하다."

"분단권력은 분단을 현실권력에 이용하기 위해 위기화하고 그것을 통해 일상적으로 감시와 통제를 실행하기도 하지만, 오히려 분단을 망각하게 하고 일상으로부터 단절시킴으로써 작동하기도 한다. 분단을 일상 속에서 체험하면서도 이를 인지하지 못하게 하는 것이다. 그리고 특정한 담론, 즉 안보, 위기, 통일과 같은 거대한 담론으로만 분단을 설명하거나 그 담론의 당위성을 분단을 통해 찾으려 한다."

"이러한 실재하는 분단들을 일상화하고 체화시키는 분단의 장치들을 분석하는 것이 필요하다. 분단을 '번역'하는 장치들을 드러내고 분석해야 한다는 것이다. 이를 통해 실재하는 분단들이 무엇인지 밝힐 수 있고, 실천적 차원에서 분단을 다룰 수 있다."

"또한 분단의 장치들을 분석하는 것이 필요한 이유는 분단을 유지, 지속시키는 다양한 행위자들의 수행성을 보여줄 수 있다는 점 때문이다."

"어떻게 여러 집단과 개인이 분단을 수행하게 하는지, 수행의 맥락 속에서 집단들과 개인들의 관계가 어떻게 구성되는지 밝히기 위해 분단의 장치들을 밝힐 필요가 있다. 이를 통해 분단이 실재하는 다양한 국면을 드러낼 수 있을 뿐만 아니라 구조로 환원되었던 분단을 다양한 관계들 속에서 설명할 수 있다."

"분단을 수행하게 하는 장치를 가시화시킴으로써 분단권력을 무력화시키고, 분단을 수행하는 방식의 변형을 꾀함으로써 탈분단의 가능성을 찾을 수 있을 것이다."

수행적 분단론에 의거하면 탈분단은 거대한 체제나 구조의 전환이전에 우리 몸에 기입되어 수행된 것을 새로운 행위로 변화시키는 것에서 출발합니다. 전효관은 "분단신화는 '우리'의 정체성 실현을 방해하는 외부적 적을 연상시킴으로써 내부를 통합하고 다른 이견을 억압하는 기능을 수행한다"면서 '탈분단'을 함축적으로 '분단 극복을 위한 문화적 실천을 의미하는 것'이라 정의하기도 했습니다[12]. 동국대학교 분단/탈분단센터에서는 "분단은 민족과 조국이 단순히 양분되어 있는 하나의 고정된 상태가 아니라 일상생활 속에서 끊임없이 재생산되고 있는 '과정'이다. 통일논의에서 가장 기초가 되는 안보·민족·통일이라는 세 개념이 역설적으로 분단을 재생산하는 핵심 개념이 되고 있다"고 강조합니다.[13]

---

12) 전효관 분단의 언어, 탈분단의 언어: 통일담론과 북한학이 재현하는 북한의 이미지 통일연구, 제2권, 제2호 pp.43-71
13) 동국대학교 분단/탈분단센터 학술대담 '분단은 어떻게 수행되는가' 취지문, 2015년 3월 31일

탈분단 연구자 홍민은 이렇게 요약하기도 했습니다: "안보·민족·통일은 한국 사회에서 신성불가침적 위상을 지니고 있다. 단순히 언어적 차원이 아니라, 물리적으로 장치화되어 일상 속에 들어와 있다. 우리가 너무도 당연하게 받아들여 의식하지 못하기도 하지만, 이들 개념은 우리의 생각을 특정 맥락으로 유도하고 있다. 먼저 안보는 외부의 위협에 대응하기 위해 필요하다고 생각되지만 실제로는 오히려 내부를 감시하고 통제하는 장치로서 작동한다. 민족도 한민족이라고 말하는 논리 속에서 북한을 타자로 규정하려 하는 생각이 나타난다. 또한 통일을 우리는 당연한 것처럼 이야기하지만 통일이라는 말 속에서 남과 북이 서로를 부정하는 분단이 더욱 분명하게 확인된다. 이러한 측면에서 안보·민족·통일이라는 분단의 장치들이 어떻게 구성되고 있는지 또 해체될 수 있는지 살펴봐야 한다... 통일 논리 속에서 북한을 적대적 타자화한다.[14]"

그리고 구갑우는 "안보·민족·통일"을 분단의 수행성을 작동시키는 세 가지 장치라고 하면서 분단 상태에서의 "사회적 장벽(social partition)"이라는 개념에 주목할 필요가 있다고 말했습니다. 특히, 분단과 사회적 장벽은 식민지를 경험한 국가들에게서 일반적으로 나타나는 현상

---

14) 위 대담

이라고 하면서 탈분단의 방향을 암시하기도 합니다.[15]

그리하여 이러한 논의로부터 탈분단의 개념을 아래와 같이 도출해 보았습니다.

- 분단을 고정된 상태로 인식하지 않고 일상과 구조에서 지속적으로 생산되고 재구성되는 역동적 상태(분단장치들의 작동)로 이해하는 것
- 다양한 분단들을 드러내기, 특히 보이지 않는 분단, 신성불가침의 영역을 간주되는 현상에 대한 비판적 관찰의 형성
- 분단 극복을 위한 (사회적 장벽을 무너뜨리는) 일상적이면서 체제전환적인 문화적 실천
- 안보 민족 통일이라는 세 개념과 관련된 담론이 정치와 일상에 미치는 영향에 대한 예리한 비판과 대안적 담론 실천
- 남북한 양자대립구조, 남북한 두 국가성, 북한의 적대적 타자화에 대한 비판
- 적의 존재, 적의 위협을 고정된 것으로 보게 하는, 그럼으로써 다른 위험을 보지 못하게 하는 안보 정치로부터의 해방

---

15) 위 대담

3. 분단폭력에 대해 생각하기

그렇다면 분단은 어째서 극복되거나 벗어나야 하는 것으로 상정되는 것일까요? 분단은 한반도 구성원들의 의지와는 무관하게 열강들에 의해 일방적으로 결정되었습니다. 자유로운 이동의 자유가 박탈되었고 체제 경쟁 속에서 표현의 자유도 박탈되었습니다. 주류 담론 및 정부 입장과 반대되는 목소리를 내는 존재들은 체제의 위협으로 규정되고 색출되고 고문 등 물리적 폭력에 노출됨으로써 시민성을 박탈당해야 했습니다. 전쟁을 통해 진행된 지리적 분단은 그 자체로 이미 폭력적이지만 분단의 과정 속에서 서서히 진행되어 온 구조적이고 문화적인 폭력들은 한국 사회 전반을 분단폭력에 젖어들게 했습니다.

분단폭력 연구자 김병로는 "분단이 하나의 거대한 체제로서 이 체제가 만들어내는 물리적 강제력과 적대적 구조 및 담론이 폭력적 성격을 지니고 있음을 드러내고자" 분단과 폭력을 연결시켰습니다[16]. "분단폭력이라는 개념에는 분단으로 야기되는 상황에서 폭력적인 것에 더 집중해 보자는 제안이 담겨 있습니다. 또한 무엇이 더 윤리적인가에 대한 선택과 태도도 담겨 있습니다. "분단폭력"이라는 개념을 통해 분단의 효과가 폭력적이었다는 진단을 내리는 것만으로는 충분하지 않습니다.

'분단폭력'이라는 말은 그동안 진행되어 온 다양한 층위의 폭력, 그 폭력으로 인해 피해를 받은 존재들에 대해 다시 생각해보자는 제안이자 연대의 요청이기 때문입니다. 지금까지 우리가 보지 못했던, 충분히 알아차리지 못했던, 너무 쉽게 '그럴 수 있지 또는 별일 아니야 우리가 원래 그러니까'라고 치부했던 그러한 사람들과 현상에 깊게 집중해 보자는 초대이기도 하지요. 분단을 민족의 비극적 숙명, 국가 간의 사건으로 이해하기에는 분단의 과정에서 상처 받은 사람들이 너무나 많고, 그 상처가 너무나 깊었음에도 불구하고 우리는 그 '상처'와 '사람'에 대해서 이야기하기보다는 '체제'와 '안보'에 대해 여전히 더 많은 이야기를 나누어오지 않았는지요? 분단을 폭력과 연결시켜보는 것은 이러한 낯설게 하기, 다시 질문하기의 의미도 있습니다.

---

[16] 김병로, (2016) 분단폭력, 1장 한반도 비평화와 분단폭력 p.32

분단폭력을 "분단이 만들어내는 폭력적 활동과 구조, 담론으로 규정"할 때 그것은 "분단을 명분으로 가해하는 행위 혹은 분단의 이름으로 자행하는 수많은 인권유린과 억압의 행동"으로 정의됩니다.[17] 한반도의 분단은 한반도에 거주하는 이들의 자기결정과는 무관하게 진행된 일이므로 분단되었다는 그 사실 자체로 이미 충분히 폭력적이라고 할 수 있습니다. 여기에 약 3년의 기간 동안 수백만명의 인명이 살육을 당했고 그 이후 군사대립과 군비경쟁 및 군대 복무에서 희생당한 사람들의 수도 어마어마합니다.

분단폭력과 분단평화에 대해 연구하는 연구자들은 평화연구자 요한 갈퉁의 폭력 분석이 효용성이 있다고 생각합니다. 갈퉁의 분석에 근거해 분단폭력의 실상을 직접적(물리적), 구조적, 문화적 폭력의 세 가지 서로 연결된 위상으로 설명하는 것입니다. 갈퉁은 눈에 잘 보이고 잘 인지되는 직접적 폭력은 보통 물리적 인과관계로 인식되는데, 거기에는 잘 인지되지 않은 구조적 폭력이 작동하고 있고 이 구조적 폭력은 문화적 폭력에 의해 정당화되면서 계속 직접적으로 폭력을 행사하는 사건들을 만들어낸다고 보았습니다.

---

17) 같은 책, p.34

이 분석틀을 사용하여 분단폭력을 직접적, 구조적, 문화적 폭력의 세 유형으로 살펴보겠습니다. 첫째, 분단이 야기한 직접적이고 물리적 폭력들이 있습니다. 그 대표적 전형은 1950년부터 53년까지 진행되었던 한국전쟁입니다. 한국전쟁은 국가 간의 갈등이 야기한, 한반도에 거주하는 주민들에게 가해진 전형적인 직접적 폭력입니다. 전장에서 전투원으로, 전장 바깥에서도, 그리고 그 전후에 전개된 참상에서 자신이 결정하지 않은 일에 동원되거나 피해자가 될 수밖에 없었던 사실상 무고하고 무관한 사람들에게 가해진 거대한 직접적 폭력입니다.

여기에 덧붙여 군부대 구타와 총기살상 및 사고로 인한 희생, 한국전쟁과 같은 논리로 전개된 한국군의 베트남 파병에 따른 현지 살상, 비정상적으로 적용된 안보관련 법과 안보기관에 의한 감시, 고문, 납치, 살해 등의 폭력, 그리고 한국전쟁의 여파로 장기 대규모 주둔하는 외국군에 의한 토양과 환경의 파괴와 기지촌에서의 폭력 등을 포함하면 직접적 폭력의 사례는 한국 사회 전반에 걸쳐 지금도 계속 발생하고 있습니다. 하지만 이런 직접적 폭력의 사례들은 그 직접적 폭력을 가능하게 하는 구조적인 폭력과 문화적 폭력과의 연계 속에서 작동합니다.

초급병사가 폐쇄된 군대 안에서 1달 이상 폭력에 시달리다가 부모 면회조차 하지 못한 채 죽어간 '윤 일병 구타 살해 사건'은 2014년도의 일이었습니다. 대학에서는 '군기와 질서'라는 이름으로 군대식 기합을 강제하거나, 신입생들이 술을 강요받아 마시거나 구타를 당해 사망하는 사건이 매년 신학기마다 반복되고 있습니다. 이런 '군기'와 질서'는 직장에서도 그대로 작동합니다. 국내 굴지의 대기업들에서 신입사원 연수에서 군기를 잡고 기합을 주는 영상이 종종 유출되기도 하고, 신입사원들은 대대적인 매스게임 공연을 준비해 기업 임원과 선배 직원들 앞에서 상연하기도 합니다.

2013년 태안의 사설 해병대 캠프에서 청소년들 5명이 사망했던 참사를 기억하시는지요? 아동 청소년들을 상대로 하는 안보체험 교육에서는 강도를 달리 할 뿐 매우 유사하고 위험한 폭력적 상황들이 벌어져왔습니다. 이러한 폭력을 우연히 발생한 사고로만 보기 힘든 것은 앞서 이야기되었던 일련의 사건들 속에서 '군기와 질서'는 개개인에 대한 직접적 폭력을 정당화하는 구조이자 문화로 작동해왔고 이러한 '군기문화'는 한국 사회 전반을 준전시상태의 사회로 '군사화'해왔습니다. 분단폭력은 이렇게 한국사회를 구성해 온 분단체제와 군사문화의 강한 연계 속에서 작동하는 것입니다.

분단이 야기한 폭력의 목록은 매우 깁니다. 북한에 대한 공포를 유지하기 위하여 불법-폭력적인 수사로 만들어진 간첩조작사건들, 노동자 권익추구와 민주화운동에 참여한 청년학생들에게 가해진 고문수사와 성폭력 수사, 병역을 양심에 따라 거부하거나 비판한 사람들에게 가해지는 형벌과 비난, 시민들의 의사표현이 시위를 안보위협으로 간주해 무분별하게 경찰이 사용했던 최루탄이나 물대포, 남북한의 군사충돌, 2백만 개에 달하는 대인지뢰 살포에 따른 민간인 살상, 군부정권과 국가보안법 등 악법으로 인해 벌어진 '시국 사건'들과 그에 대한 사법부의 무능으로 인해 희생된 사람들, 군사정권 유지를 위해 참전하게 되었던 베트남전으로 인해 발생한 군인들의 육체적, 정신적 피해, 한국군에 의해 무고한 죽임을 당한 베트남 민간인들의 피해와 그 가족들의 지속적인 고통, 그리고 군사정권과 외국군의 결탁이 만들어낸 전쟁 중 여성들에 대한 폭력[18], 국가안보를 명분으로 시민들을 학살했던 쿠데타 군부와 그 책임자에 대한 면죄부를 비롯하여 분단폭력의 목록은 쉰 적도 없고 끝난 적도 없습니다.

둘째, 앞서 기술한 직접적이고 물리적 폭력을 가능하게 하는 사회 제도로서의 구조적 폭력의 차원이 있습니다. 폭력의 구조가 있기 때문에 개별적이고 물리적 폭력이 가능해 진다는 의미입니다. 그러므로 분단의 구조적 폭

---

18) 문승숙, (이현정 역), [군사주의에 갇힌 근대: 국민만들기, 시민 되기, 그리고 성의 정치], 또하나의 문화, 2007과 Katherine H.S. Moon, [Sex Among Allies: Military Prostitution in U.S.-Korea Relations], Columbia University Press, 1997 참조.

력은 예를 들면 남북한 양 측의 군비증강과 무장, 경쟁적 군사화와 이를 지탱하는 사회 구조 등으로 설명될 수 있습니다. 뉴스를 보다보면 한미연합군사훈련에 대한 보도가 종종 보이는데 키 리졸브(Key Resolve) 훈련이 진행되는 시기마다 남북한은 팽팽한 긴장상태에 놓여왔습니다. 이렇듯 남북한의 군비경쟁은 직접적 분단폭력을 전제로 하는 거대한 구조적 폭력으로 작동해왔습니다. 대북 안보에는 집중하지만 시민의 안전에는 믿을 수 없을 만큼 무책임한 정부로 인해 발생한 세월호 참사 등의 대규모 참사도 분단 구조의 영향으로 이해할 필요가 있습니다.

'안보'라는 것이 국가안보만을 의미하는 것은 아니지만 분단상태가 유지되는 남한사회에서 '안보'는 '군사안보' 중심의 '국가안보'외의 다른 것을 생각하지 못하게 합니다. '국가안보'가 중요하다면 그 국가를 구성하고 그 국가의 권력의 원천인 '국민안보'는 당연히 '국가안보'에 포함되어야 하는 것 아닌가요? 세월호 참사 당시 국가 책임자들의 부작위를 기억한다면 '국가안보'의 허상과 '분단'이 강화해온 '군사안보'의 환상을 낯설게 볼 수 있는 공간이 생겨납니다. 이렇게 '안보'를 정치에 동원하고 이용하는 것을 '안보정치'라 부르겠습니다.

앞서 이야기한 군사적 갈등은 양상이 매우 다양합니다. 이러한 갈등들은 남북한 구성원들이 안보를 위해 자신의 결정권을 양측 정부에 암묵적으로 위임한 상태에서 발생하기 때문에 국가 및 국민 통제를 강화하는데 기여했다고 볼 수 있습니다. 국가보안법과 무소불위의 안보기구들이 또 하나의 구조적 폭력이라고 부를 수 있습니다.

또한 더 좋고, 빠르고, 강한 무기를 소유하고자 하는 각국 정부의 이해관계와 맞물려 세계의 지속적인 무장과 군비경쟁을 강화함으로써 사회 전반을 군사화 했습니다. 뿐만 아니라 군복무를 통해 전쟁에 나가는 것을 전제로 훈련된 이들과 소중한 사람들을 군대에 보내야 하는 사람으로서 준비되어 온 남한 사회의 구성원들은 군대와 연계된 사회 문화에 지속적으로 노출될 수밖에 없는 구조 속에서 한국사회의 군사화과정에 동원되었다고 할 수 있겠습니다.

함축적으로 표현하자면 분단의 구조적 폭력은, 두 체제의 적대적 구조, 대규모 군대 유지, 과잉 팽창된 국가안보 기구와 법제, 사회적 군사화, 상시적 대규모 군비지출 체제, 대규모 외국군 기지와 불평등한 군사동맹, 불평등한 군사동맹과 연동된 불평등한 한미관계, 군사안보 분야 및 한미관계의 폐쇄성, 이에 따른 시민 주권의 제약과 통제, 재난대응 조치와 같이 안보정책 우선성에 따라 부실해진 사회정책, 사회복지에 투자할 재원을 제약하는 과도한 국방비 유지의 구조, 오랜 국내외적 비판에도 유지되는 국가보안법과 같은 악법의 존재 등으로 그 모습을 드러냅니다.

마지막으로, 문화적 폭력은 폭력을 정당화하는 이념과 마음의 폭력성을 의미합니다. 구조에서 연원한 비슷한 종류의 폭력을 보고도 별문제 아니라고 생각하거나 또는 그래도 좋다고 정당화하는 이념을 비롯한 사회적 메세지들 또한 그 사회적 메세지에 반응하는 개인들의 마음, 즉, 분단이 지속되도록 구조를 뒷받침하고 작동시키는 문화적 기제들을 말한다고 할 수 있습니다.

분단의 문화적 폭력은 여러 분야에서 매우 비슷하게 작동합니다. 분단이 현재 상태이므로 국가안보가 최우선 되어야 하고, 그러므로 국가안보는 유사시 다른 가치들보다 우선적으로 고려되어야 하는 것이라는 데 대한 암묵적인 사회적 동의가 있다면, 이는 자연스러운 현상이 아니라 구조적 폭력이 야기하는 문화적 작용이라는 것입니다. 안보의 우선성은 군부의 쿠데타를 정당화합니다. 일부 군 세력이 국가권력을 찬탈했음에도 국가과 국민의 안위를 위해서 그랬다는 변명이 수용되는 상황이 나타나는 것입니다.

베트남 전쟁 당시 베트남 사람들을 학살했던 군인들의 마음 속에도 비슷한 작용이 일어났을 거라 추측할 수 있습니다. '빨갱이들은 죽여도 되니까, 당시 베트남에 순수한 민간인이 어딨어, 아무튼 국익을 위한 것이니까...' 등

베트남전과 같은 군사적 행동에 관해서도 뿌리 깊은 폭력적 정당화가 국가 수준에서뿐만 아니라 참전한 병사들 마음속에서도 일어나는 것입니다.

'국가를 위해서, 국가 안위를 위해서 했다'는 입장을 통해 자신의 행위를 정당화하는 것은 어떤 범법 또는 폭력 행위에 가담한 개개인들이 스스로의 선택과 그에 따른 책임에 대해 인식하지 못하게 하고, 성찰의 가능성을 차단해버립니다. 그리고 이렇게 차단된 반성적 성찰의 가능성은 곧 비슷한 폭력의 재생산 또는 2차, 3차의 추가적 폭력의 토대로 연결됩니다. 한국군에 의한 민간인학살에서 생존한 베트남 생존자가 한국을 방문했을 때 베트남 참전군인들 중 일부가 이들에게 가했던 폭언과 행동의 사례가 여기에 해당됩니다.

앞서 분단이 일상에 촘촘하게 스며들어 있다는 이야기를 했는데요. 교육 역시 예외가 아닙니다. '차렷, 열중 쉬어, 차렷, 선생님께 경례'와 같은 방식의 인사법이라든지 조회 시간에 운동장에 열 맞춰 서서 부동자세를 유지한다든지 하는 일련의 교육 문화들은 대부분 군대의 문화를 그대로 차용한 것입니다. 이렇게 군사화된 학교는 역시 '분단'과 깊은 연관성을 가집니다.

획일적 교복과 두발, 명찰, 번호, 운동장 조례, 줄맞추기, 일사분란, 국기에 대한 경례, 충성 강요 등 일제강점기

식민화 정책에서 시작되고 군부통치에서 강화되었지만 아직 충분히 청산하지 못한 군대식 학교문화 역시 한국에서의 문화적 폭력을 성찰할 때 빼놓아서는 안되는 장면들입니다. 몸에 대한 통제를 통해 개개인을 통제하는 군대식 체계는 '학교'와 '직장'이라는 환경에서 '서열'을 중심으로 '일상화'되는 것입니다.

"오빠가 지켜줄게"를 통해 확산되는 남성-보호, 여성-피보호의 이분법은 보호를 거부하는 여성에 대한 사회적 혐오로 이어지기도 합니다. 보호-피보호의 구도는 '서열'을 반영하고 있는데, 이 때의 서열은 힘 또는 권력에 의한 상하관계를 이야기합니다. 즉, 보호자로 자처한 사람들이 자신의 권력을 강화하면서 '피보호자'로 지정한 사람들을 서열 아래로 배치시킵니다. 관계의 종속이 정당화되는데 보호-피보호의 문화적 장치가 사용되는 것이지요. 이러한 한국의 문화적 폭력은 피보호자로 간주된 '약자'가 자신의 목소리를 내거나 보호를 거부할 때, 그를 반란군 또는 불순한 세력으로 쉽게 몰아갈 수 있게 하는 기제가 됩니다

보호-피보호의 설정을 동원해서 '위험한 세상에서 내가 지켜줄게 (그러니 내 말 잘들어)'라는 문화적 장치가 국가차원에서 작동하는 것을 '안보화'라고도 부를 수 있습니다. 위에서 본 분단체제의 가장 독보적인 문화적 폭력은 안보화(securitization)라는 개념으로도 설명될 수 있

습니다. 안보화는 그렇게 대하지 않아도 될 '상대를 적으로 인식하고, 어떤 이슈를 절대절명의 이슈로 해석하여, 적으로부터 자신을 보호해야 하는 것을 당연시하도록 학습하며 경계와 감시를 소홀히 하지 않도록 자기검열을 실시하는 것'을 의미하는 개념입니다.[19)]

"분단국가 국민들은 분단 그 자체보다 분단을 정치적으로 이용하려는 자들에 의해 더 고통받는다."

강철비라는 영화의 대사 한 구절입니다. 이 대사는 앞서 이야기 한 안보화의 상황을 적절히 담아내고 있습니다. 정보가 통제되어 있는 영역이 존재할 때, 통제된 정보에 접근성이 있는 사람들은 불평등한 권력을 가지게 됩니다. 이들이 가지고 있는 국가안보와 관련한 정보들은 이들이 사회를 효과적으로 통제할 수 있는 수단이 되는 것입니다. '안보정치'는 안보화를 통해서 작동됩니다. 질문하기 어려운 영역, 어떤 일이 일어나고 있는지 조차 알 수 없는 보안의 영역에서 의심하며 질문을 던지는 행위, 주어진 정보를 낯설게 보려는 노력들은 안보화의 그릇된 주술로부터 해방되기 위한 노력입니다.

---

19) Hazel Smith (2000), "Bad, Mad, Sad or Rational Actor? Why the 'Securitization' Paradigm Makes for Poor Policy Analysis of North Korea", International Affairs, Vol. 76. No. 3 pp.593-617

그렇다면 분단폭력을 지속시킬 수 있는 가장 효과적인 수단은 무엇일까요? 국영 또는 공영 언론을 통한 정보 통제의 방식과 공교육기관을 통한 교육내용을 통제하는 방식은 모든 국가 및 정부에 있어 주요한 통치수단이 되어 왔습니다. 그리고 분단 상태의 한국 사회에서는 이러한 정보와 교육내용 통제의 방식은 '안보화(securitization)'의 특징을 가지고 작동합니다. 즉, 특정한 대상을 '적(enemy)'으로 규정하고 그 적을 악마화(demonization)하는 메세지가 일상 속에 촘촘히 스며들게 함으로써 일상의 '준전시태세화'가 가능해지는 것이지요.

4. 분단폭력과 교육

2014년 7월, 서울 강동구의 한 초등학교에서 진행된 나라사랑교육이라는 이름의 안보교육이 진행되었습니다. 당시 교육을 담당한 수도방위사령부 장교는 아이들에게 잔혹한 북한의 고문 장면이 담긴 애니메이션을 보여주었습니다. 영상을 보던 아이들은 공포를 호소하고 울음을 터뜨리며 교육장소를 이탈했고 담임교사는 영상 상영을 중단시켰습니다. 이 사건이 보도되고 서울시교육청은 군인에 의해 직접적으로 진행되는 교육을 전면 중단시킨다는 공문을 내보냈습니다. 그리고 피스모모와 전쟁없는 세상, 열린군대를 위한 시민모임, 참여연대 평화군축센터, 통일맞이 등을 비롯한 시민사회단체들은 '전쟁교육 없는 공동체를 위한 시민모임'이라는 연대체를 꾸려 초등학생들에게 어떤 동영상이 상영된 것인지 나라사랑교육의 실태를 파악하고자 공동행동을 시작했습니다.

전쟁교육 없는 공동체를 위한 시민모임은 국방부에 해당 동영상을 공개하라고 요구했지만 국방부는 그 영상이 대북관계에 악영향을 줄 수 있으며 국가안보에 위협이 될 수 있으므로 공개할 수 없다는 입장을 밝혔습니다. 국방부에 대한 국회 법사위의 국정감사에서 국방부는 기자들을 모두 내보내고 국회의원들만 입회한 상태에서 해당영상을 상영하기도 했습니다.[20] 결국 2015년 참여연대의 주도로 행정소송이 시작되었고 2년이 흐른 2017년에 이르러 대법원이 내린 심리불속행 판단으로 영상은 마침내 공개되었습니다.[21]

이 영상은 국방정신전력원에서 제작해 각 부대에 배포한 표준 교안으로 성인 군인을 대상으로 만들어진 것이었습니다. 국방정신전력원이라는 곳은 1977년 박정희 정권 당시 출범하여 1988년 김대중 정부 당시 폐지되었다가 2013년 박근혜 정부에서 15년만에 부활한 기구입니다. 군인들의 정신을 전력(戰力)화 하기 위해 만들어진 기관이지요. 성인 군인을 대상으로 만들어진 교육영상이 초등학교 6학년 학생들에게 상영되는 상황은 어떻게 가능했을까요? 사건이 벌어진 후에 시민사회단체들

---

20) 법사위, 장병 교육용 북한 실태 동영상 비공개 시청 http://news.kbs.co.kr/news/view.do?ncd=2945897
21) [기사] 초등생 울린 국방부 안보 동영상 대법원 판결에 따라 공개합니다. http://www.peoplepower21.org/Peace/1511837

이 진행한 조사에 따르면 '나라사랑교육'이라는 이름으로 진행된 교육에 사용된 교육자료에 대해 교육부도, 각 시도 교육청도 전혀 파악하고 있지 못했습니다. 그렇다면 나라사랑교육이라는 것은 대체 무엇일까요?

이명박 정권 당시 국가보훈처장이었던 박승춘은 대한민국의 학생들이 "한국이 얼마나 잘 사는 나라인지 모르고 북한이 얼마나 위험한지 모르고 중국, 일본과 같은 주변국들이 얼마나 강한지 모르고 그들이 어떻게 나라를 지켜왔는지를 모른다"며 단계별 수준에 맞는 호국애를 위한 교육과정이 개설되어야 한다는 것을 강조했습니다. 박승춘의 이러한 기조는 박근혜 정권을 맞으며 '나라사랑교육'이라는 이름으로 애국주의와 국가주의, 민족주의 중심의 교육이 조직적이고 체계적으로 진행되었습니다. 나라사랑교육의 경우 국가보훈처 산하의 보훈 연구원과 개별 군부대가 진행하는 두 가지 형태로 운영되었는데 지역 교육청과 군부대가 업무협약(MOU)을 체결하여 현역 군인들이 초,중,고 각급 학교에서 직접 나라사랑교육을 진행하는 사례들이 빈번하게 확인되었습니다.[22]

---

[22] 서울보훈청-서울교육청 나라사랑교육 MOU체결 https://news.joins.com/article/10727679, 충남도교육청, 공군 제20전투비행단과 '나라사랑교육' MOU https://news.joins.com/article/21209152 교육청과 군부대 또는 국방관련 기관의 MOU 체결 사례는 이 외에도 무수히 많다.

이 나라사랑교육의 일환으로 통일안보현장 체험교육이 활성화 되었으며 정신교육, 국가정체성교육등의 이름으로 청소년들에게 해병대 캠프와 같은 준군사훈련이 활발히 이루어졌습니다. 초등학생들이 화생방을 경험하고 모 연예인의 아들 3형제가 유아 군사훈련을 받는 장면이 공영방송을 통해 방송되었습니다.[23] 군복 입은 어린이들의 모습이 반복재생산됨으로써 60년간 지속되어오는 정전과 분단 속에 살아오고 있는 한국 사회는 안보지향의 국가담론에서 한 발짝도 나아가지 못한 것입니다.

힘이 센 남성군인이 지켜주는 안보가 아니라 한 사람 한 사람이 서로를 돌보고 챙기면서 오밀조밀한 삶을 꾸려나갈 수 있는 안전한 삶에 대한 요구와 목소리는 번번히 '종북'과 '빨갱이' 담론으로 공격받았습니다. 또한 여성은 지켜주어야 하는 존재, 남성은 지켜주는 존재라는 이분법적 역할 구도에 저항하는 목소리들은 안전이 아닌 위험을 견인한다며 공격받아왔고 지금도 공격의 대상이 됩니다.

직접적이고 물리적인 폭력, 전통적인 평화관에 머물러 있던 한국의 안보교육은 식민주의, 제국주의 시대에 공

---

23) '삼둥이 병영체험' 웃을 일이 아닌 이유
https://www.huffingtonpost.kr/peoplepower21/story_b_8476370.html

교육기관이 식민교육의 핵심적 장소로 기능했던 것과 마찬가지로 공교육기관을 군사주의 문화와 분단폭력을 정당화하는 핵심적인 장소로 만들어 온 것입니다.

포털사이트에서 "Security education"을 검색해보면 대부분 노동환경의 안전, 방범이나 신변 안전, 보안조치에 관련된 내용들이 나옵니다. 관련 분야 종사자들이 받게 되는 의무 교육인 경우가 많지요. 하지만 한국적 맥락에서 안보교육은 전혀 다릅니다. 한국에서의 "Security education"은 군사안보와 밀접하게 연결되어 있으며 대부분 북한과 관련된 이념 교육입니다. 박정희 군부 당시, 명시적인 반공교육기가 있었습니다. 당시 반공교육은 공교육기관을 포함한 공공기관 전체를 통해 전국민대상으로 진행되었지요.

2004년 9월 7일에는 "국가보안법 폐지를 위한 원로교사 반공교육 참회선언"이 있었습니다. 이 선언에 참여한 선생님 중 한 분은 반공교육이 애국교육인 줄 알고 가르쳤다고 이야기했습니다.[24]

---

24) 반공교육이 애국인 줄 알고 가르쳤지
http://legacy.www.hani.co.kr/section-005000000/2004/09/005000000200409071929001.html

오늘 참회선언을 한 '반공교육'의 시기는 언제인가?

시작은 1950년 6·25 전쟁 이후부터. 이후 이승만 정권과 박정희 유신을 거치면서 독재정권이 체제유지를 위해 반공교육을 강화했다. 독재정권 강화 수단은 반공뿐이었다. 이런 반공교육은 정도차가 있지만, 김영삼 대통령 때까지 수십년간 계속됐다. 김영삼 대통령은 '반공교육'이라 하지 않고 '통일안보교육'이라고 표현했지만 비슷한 반공교육이었다. 김대중 대통령에 와서 '통일교육'이 됐다. 김대중 대통령 때 정부지침은 없었지만 교장·교감들이 수십년간 반공교육을 하다보니 가만 놔둬도 반공교육을 했다. 지난 1998년 교장이 되고 나서 반공교육을 하지 말라고 했더니, 교감이 "이상한 교장이 왔다"고 했다. 휴전선을 깔고앉은 수구냉전세력이 반공을 앞세워 애국자로 둔갑했고 그 반공교육의 핵심이 국가보안법이다. 반공으로 모든 것을 포장했다.

반공교육은 구체적으로 어떻게 이뤄졌나?

초등학교부터 글짓기·노래·그림으로 "때려잡자 공산당", "무찌르자 공산당"을 가르쳤다. 6월만 되면 엄청난 반공교육을 시켰다. 지도에서 윗쪽은 빨강색, 남쪽은 파란색으로 칠하고, 윗쪽으로 화살표를 그렸다. 우리가 쳐들어가야 한다는 것이다. 교과서에 실린 친일작가들의 작품도 모르고 가르쳤다. 학교뿐 아니라 사회 전체가 반공교육을 했다.

[한겨레 기사: 반공교육이 애국인 줄 알고 가르쳤지]

반공교육은 학교에서부터 예비군까지 전사회적으로 진행되고, 이의나 질문을 제기할 수 없는 전체주의적 방식으로 교육이 진행되었습니다. 이후, 반공교육은 안보교육 또는 통일안보교육으로 이름을 바꾸어가며 같은 형태로 지속되어왔습니다. 한국에서 안보교육자들은 안보교육이 내가 소속된 공동체의 안전을 보장하기 위해 불가피한 교육이라고 강조합니다. 즉, 외부의 적으로부터 어떻게 나와 우리 가족, 우리 민족을 보호할 것인지에 대해 교육함으로써 위기상황이 왔을 때 적을 제압하고 무찌르기에 충분한 정신무장을 제공하며 궁극적으로는 철저한 안보교육으로 국가안보와 항구적 평화를 달성한다는 것이지요.

하지만 이렇게 안보라는 주제가 성립하기 위해서는 외부의 적이 필수적입니다. 항상 공격의 틈을 노리고 경계를 늦출 수 없게 하는 외부의 적은 우리의 평화를 달성하기 위해서는 제거되어야 할 존재이므로 '안보'라는 주제를 정당화하는 필수불가결의 조건이 되는 것입니다. 따라서 국가중심의 안보교육을 정당화하는 데 있어서 가장 효과적인 방법은 외부의 적은 나 또는 우리민족과 같지 않다는 것에 공동체적 합의를 만들어내는데 있으며 이를 위한 가장 효율적인 방법은 공교육을 통해 그 합의를 공동체적 합의인 것처럼 만드는 것이었으리라 추정합니다.

이렇게 안보교육을 통해 분리된 '그들'은 '적'으로 상정되고 그 '적'으로부터 '우리'를 지키는 행위는 정당한 것으로 간주됩니다. 세계인권선언도 제네바 협약도 '적'앞에서는 의미가 없어집니다. 국가주의와 민족주의는 이렇게 힘이 강합니다. 따라서 앞서 말했던 것과 마찬가지로 '적'의 공격을 예상하고 대비하며 살아가도록 교육하는 사회에서 두려움은 교육의 양분이자 근거가 되는 것입니다.

어린 시절 가족과 함께 타이완으로 이주했던 한 수녀님으로부터 들은 일화가 있습니다. 의사였던 아버지가 공산당 소년병이 복부에 입은 총상을 치료해주었다는 이야기를 듣고, 소녀였던 수녀님은 수술하면서 공산당의 뱃속을 열어보았느냐고 뱃속의 살이 새까만 색깔이었냐고 물었다는 것입니다. 외부의 적이 나와 같은 존재라는 것을 인정하고 나면 그를 제압하고 무찔러서 도달해야 하는 평화의 의미에 대한 질문이 생기므로 안보교육은 불가피한 악마화(Demonization)을 수반하게 됩니다. 이렇게 악마화를 동원하는 안보교육은 분단상태를 지속하게 하는 심적 토대와 구조를 만들어가는데 가장 효과적인 수단이 되며 이런 이유로 공교육기관은 국가가 체제 유지를 위해 동원할 수 있는 지지를 확보하는데 결정적인 장소가 되는 것입니다.

홀로코스트 기간 동안, 나치 독일은 인종적으로 열등하

다고 믿어지는 모든 존재들을 말살하고자 했습니다. 유대인뿐만 아니라 로마족(집시), 장애인과 슬라브계의 타민족들도 예외는 아니었습니다. 뿐만 아니라 사회주의자와 공산주의자들, 동성애자와 여호와의 증인들도 말살해야 할 대상에 포함되었습니다. 나치 독일 당시 이러한 학살을 담당했던 독일인들은 '민족의 우월한 혈통 유지를 위해 필요한 행동'을 한 것이며, 그 행동을 통해 다수인 '우리'를 보호했다는 이유로 죄책감은 삭제될 수 있었습니다. '우리'라는 정체성이 무엇으로 구성되는지에 대한 질문은 은폐되고 '그들'이 '우리'가 아닌 이유는 널리 확산된 것입니다.

분단은 이렇게 국가적 차원에서부터 일상적 차원에까지 촘촘하게 스며들었습니다. 그렇기에 분단을 극복하는 것은 개인적 차원에서뿐만 아니라 전 사회적, 국가적 차원에서 논의되고 추진되어야 합니다. 피스모모가 '탈분단 평화교육'을 이야기하는 이유가 바로 여기에 있습니다. 대국민 메세지를 통해 다분히 목적을 가지고 체계적으로 또 폭력적으로 진행되어 온 안보교육을 해체하고 분단이라고 하는 것을 적대적 안보화의 근거로 삼지 않으며 분단을 벗어나는 과정을 상상할 수 있는 탈분단의 상상력과 그에 기반한 실행력을 준비하자는 제안인 것입니다.

탈분단 평화교육은 우리의 사회 구조와 일상에 촘촘하

게 스며든 분단을 알아차리고 심층적, 종합적으로 분석함으로써 사회구성원들이 함께 자신의 삶 속에서 분단체제의 폭력성을 극복하고 평화의 가치를 추구하는 삶의 방식을 만들어 갈 때에야 가능합니다. 결국은 '시민성'의 문제와 닿아있는 것이지요. 사회 구조의 변화도 중요하지만 결국 그 변화를 만들어내고 지탱하는 것은 이 사회를 구성하는 시민들이라는 사실은 박근혜정권 퇴진을 요구했던 촛불광장의 경험으로도 확인되었습니다.

실제로 2002년부터 2007년까지 노무현 정권 시기에는 평화지향적 통일교육을 비롯하여 평화를 교육에 담으려는 시도들이 꽤 많이 있었습니다. 하지만 이명박정권이 들어서면서 평화교육에 대한 연구와 시도는 대부분 중단되었고 기존의 연구들도 유명무실해졌습니다. 그리고 박근혜 정권이 들어서면서는 앞에 언급되었던 박정희 군부의 '국방정신전력원'이 부활하는데 이르게 되지요. 시민들 한 사람 한 사람의 성찰과 선택은 생각보다 큰 힘을 가지고 있습니다.

분단 폭력은 안보라는 이념과 안보화라는 정치적 장치와 긴밀한 관련이 있습니다. 여기에는 적아 이분법, 보호-피보호, 힘에 의한 보호와 힘없는 자의 보호대상으로의 전락, 군사 숭배, 상하 질서, 돌격 상태 등의 세부장치들이 있습니다. 분단된 사회에 살고 있기 때문에 발생한 구체적인 사건들과 그 사건들을 만들고 정당화하는 장치들을 세세하고 살펴 보면, 분단 폭력을 총체적으로 다루지 않으면 분단에 대해 충분히 인식할 수 없다는 결론에 도달합니다. 그러므로 분단을 다루는 교육은 그러므로 기존에 통일과 평화를 주제로 다룬 교육과 매우 다를 수밖에 없을 것입니다.

그렇다면 긴 시간 우리 삶을 구성해온 '분단'이라는 공고한 시스템을 해체시킬 수 있는 탈분단 평화교육은 어떻게 실천될 수 있을까요? 답을 정하고 강요하지 않는, 당위적으로 설파하고 가르치지 않는, 적을 상정하고 세뇌하지 않는 교육, '민족'과 '하나'를 자꾸 불러내는 교육이 아닌, '고유한 개별의 존재'와 '다양성'을 인정하는 교육, '단일성의 환상'보다는 '차이를 담지한 연대'를 전제로 한 평화교육'은 어떻게 실천할 수 있을까요?

5. 평화세우기와 교육

통일교육과 평화교육

한국에서 통일/평화교육은 여러 갈래에서 그 시작을 찾을 수 있습니다. 민주주의와 참교육을 추구하는 교사들의 운동(전교조)에서는, 반공주의 통일교육을 비판하고 이를 넘어서기 위한 개혁된 통일교육으로서의 평화교육운동을 일찍이 전개했습니다. 또 시민사회운동에서는, 민주화 과정에서 심화된 시민의식과 주권의식을 기반으로 미국 패권에 대한 비판이 널리 일어나면서 평화운동으로 이어졌고 이에 따라 평화와 안보 문제에 관한 교육운동이 시작되었습니다.

민주화가 시작되기 시작한 80년대말 이전에 공교육과 사회교육에서는 반공주의 통일교육을 중요한 이념교육으로 실시해왔습니다. 멸공교육, 승공교육이라는 이름으로도 불렸던 구 통일교육은 극단적인 대북 적대감과 국가와 집단에 대한 충성심, 획일성을 주요 목표로 진행되어 왔습니다.

민주화가 시작된 80년대 말부터 이에 대한 비판과 대안적인 교육운동이 교사들의 노동조합운동(전교조)와 사회운동에서 추진되었습니다. 공교육에서의 반공주의 통일교육에 대한 비판은, 전교조의 통일교육분과의 선구적 역할로 형성되기 시작했습니다. 시민사회의 교육에서는 남북한간의 평화-화해담론이 중요한 역할을 했습니다. 이러한 교육운동은 파울로 프레이리의 비판적 페다고지의 영향을 많이 받았고, 북한에 대한 이해, 반공주의 비판, 분단 역사 바로알기, 평화적 관계와 평화적 통일을 주요 지향으로 삼았습니다. 이러한 평화주의적 통일교육을 일정기간 공교육, 시민사회, 정부 통일 관련 기관에서 시도하면서, 지식중심-강의중심의 교육 방식, 민족 통합론에 기초한 접근, 국가-안보문제에 대한 남성중심적 세계관, 교육의 효과 등에 대한 비판이 제기되었고 북한 이해와 관련되어 편향성 여부가 논란이 되었습니다.

이에 비해 평화교육은 외국의 평화교육 모델을 참조하면서 여기에 새로이 개발된 모델을 더하면서 갈등해결교육, 회복적 생활교육, 생명평화교육, 비폭력직접행동교육을 전개하고 또 다른 한편에서는 페다고지 혁신을 통한 변혁적 평화교육, 국가폭력 현장에서의 평화교육, 탈분단 평화교육, 대학에서의 평화학 과족 개설 등 전문적인 평화교육이 다양하게 전개되었습니다. 주로 시민사회의 자발적인 노력에 따라 전개된 이러한 전문적인 평화교육운동은 몇몇 공교육 기관과 대학에도 영향을 미쳤습니다. 경기도 교육청은 2011년부터 평화교육을 6대 주요 정책의 하나로 삼아 체계적인 교사훈련과 학교 평화교육을 시행하고 있습니다. 몇몇 대학에서 조만간 평화학 전공과정을 개설하려고 준비하고 있습니다. 이러한 추세는 앞으로 확산될 것으로 보입니다.

평화교육운동이 시작되자, 통일교육과의 관계가 관심이 되기 시작했습니다. 분단과 대립이라는 현실 때문에 한국에서의 두 교육운동은 분명한 공통점이 있는데 이름도 다르고 교육의 문화도 달라 보이고, 또 주제와 내용도 차이를 보였기 때문입니다. 이로부터 통일교육과 평화교육의 연결, 두 분야의 상호작용에 대한 문제의식이 제기되었습니다. 또 '평화교육'을 기존 통일교육의 변화 또는 개선된 지향으로 인식하는 경향도 나타나게 되었습니다. 이러한 경향은 '평화교육의 관점으로 본 통일교육에 대한 비판 또는 개선 방향 탐색'이라고 의미부여할 수 있는데, 그 문제의식을 이렇게 요약할 수 있습니다.

- 남북한 통일과 관련된 여러 주제와 가치 지향을 생활 속의 평화능력과 어떻게 연관시켜야 할 것인가?
- 민족주의나 단순한 민족단결론을 넘어서는 남북한의 평화적 관계를 어떻게 구상하고 상상할 것인가?
- 국가, 국제, 안보, 군사 등의 주제에 관한 '올바른 지식' 전달이 갖는 지루함과 한계를 어떻게 넘어설 것인가?
- 정부의 통일교육과 민간의 통일교육은 어떻게 달라야 하고 어떻게 연결되어야 하는가?
- 이상을 고려할 때 통일교육이 하나의 고유한 교육형식으로 지속될 수 있는가?

이러한 문제의식이 다양한 글에서 반영되기 시작했습니다. 권혁범은 일찍이 새로운 통일교육의 방향으로 "평화와 인권을 지향하는 탈분단 시민교육"으로 재설정하자고 제안하였습니다. 시민교육으로 재규정하는 제안을 하게 된 이유는 "분단규율은 정치.군사.안보 영역에만 머물지 않고, 일상적 사고와 실천의 영역에 깊이 침윤되어 있고, 이를 통해 사상적 획일성과 명확성, 도구적 인간관, 배타적•감시자적 태도 등이 양산되었"기 때문이며 "북한에 대한 적대적인 태도나 경직된 반공주의는 그 자체로 머물기보다는 '한 사회를 지배하는 불평등한 권력관계와 위계질서'를 재생산하는 역할을 하고 있다"는 것

고 주로 평화교육적인 방향을 제시하고 있습니다.[28]

전효관도 권혁범의 문제제기에 이어서, 통일담론과 북한학이 공통으로 재현하는 북한의 이미지에 일관되게 분단지향적인 언어와 지향성이 있다고 비판하면서, 통일담론과 교육에서 탈분단의 언어를 발견하고 개발할 것을 제안하였습니다.[29] 전효관은 분단의 영향으로 의사소통능력의 황폐화, 의사소통능력의 제한, 사회 문제를 해결하기 위한 대화와 토론 문화 역량이 심각하게 제약되어온 것으로 파악하고 있습니다. 그는 "분단은 상상력을 억제시켰고 체제의 관점에서 모든 것을 판단하도록 사회를 구조화했다. 이는 더불어 살 수 있는 문화적 역량을 말살하는 과정이었다"고 말하면서 이 문제를 "분단체제에 기반한 분단 언어의 형성"으로 개념화합니다.[30]

전효관은 분단 언어를 안보 정치와도 연결시켜 분단 신화에 대해 강한 비판을 제기합니다: "분단 신화는 '우리'의 정체성 실현을 방해하는 외부적 적을 연상시킴으로써 내부를 통합하고 다른 이견을 억압하는 기능을 수행

---

28) 이동기와 송영훈, [평화.통일교육 추진전략 연구], 유네스코 한국위원회, 2014
29) 전효관, "분단의 언어. 탈분단의 언어: 통일 담론과 북한학이 재현하는 북한의 이미지", [통일연구] 2권 2호, 1998
30) 위 자료.

한다. 통일은 … 분단 신화의 안티테제가 아니다. 역설적으로 통일에 관한 이야기가 분단 신화를 생산하는 매개로 작용한다."[31] 그러므로 "통일은 분단 언어를 해체하고 새로운 언어를 소통시키는 과제를 안고 있다… 정치 담론의 규정성 속에서 자율적 말을 되찾는 것은 남과 북 서로가 갖고 있는 문화적 차이를 인정하고 공존의 길을 모색할 수 있는 기본적 토대다."라고 결론을 짓습니다.[32]

통일교육과 같은 사회교육은 사회적 조건과 변화의 영향을 받습니다. 그렇기에 교육의 목표인 '통일'의 사회적 의미가 항상 고정되고 불변이라고 판단할 근거는 없습니다. '통일교육'은 다음과 같은 사회적 조건의 변화에 영향을 받습니다: '통일' '단결' 담론의 호소력 정도, 이에 대한 신세대의 반응, 북한에 대한 인식, 남북관계의 변화, 민족주의의 영향력, 군사안보 담론의 영향, 군사적 위협의 정도, 대미관계의 변화, 미국의 대북관계의 변화 등.

이러한 조건의 변화는 '통일교육'이 직면해야 하는 도전이기도 합니다. 통일교육은 전통적으로 민족통일의 지향을 전제로 하고 구상되었습니다. 그러나 무엇보다도 민족의 존재 자체가 허구라는 점이 점차 널리 인식되기

---

31) 위 자료.
32) 위 자료.

시작했고 또 국제적 국내적 조건의 변화는 민족단일성의 담론을 취약하게 해왔습니다. 그래서 하나의 민족으로서의 재결합이 갖는 설득력을 일정하게 약화시켰다고도 볼 수 있습니다. 또한 통일교육은 '통일'이라는 말의 의미상 하나로 되는 것을 여럿으로 존재하는 것보다 우월한 가치로 전제할 수밖에 없습니다.

그러나 한반도의 현실적 조건의 변화는 여럿으로 나뉘어 있음의 장점, 즉 다양성의 장점을 더 강조하는 방향으로 변화해왔고 앞으로도 그럴 수밖에 없는 것으로 보입니다. 다양성은 '따로 또 함께'와 같은 단순한 훈계적 구호로 수용될 수 없는 완전히 새로운 가치와 담론, 그리고 교육적 접근을 요구합니다. 이러한 점들이 통일교육을 둘러싼 변화이자 도전입니다.

탈분단과 교육

탈분단 논의에서 교육운동의 과제를 도출하기 위해서, 위에서 검토한 평화교육 및 통일교육 논의를 요약하면 이렇게 할 수 있습니다.

- 평화와 인권을 지향하는 탈분단 시민교육 필요
- 북한 교육의 도구화 지양, 통일 담론의 민족주의 문제 극복, 남북관계와 시민성의 연결
- 군사주의 등 분단체제의 효과를 비판하는 평화지향적 통일교육, 평화-통일교육
- 분단의 가해자-피해자 이분법을 넘어서는 일상에서의 분단과 분단 장치에 주목하는 교육
- 적대화, 타자화, 비가시화 등 분단의 담론과 언어를 비판하고 대안을 추구하는 교육
- 분단이 정치(안보정치, 국가폭력)에 이용되는 현실에 주목하는 교육
- 분단을 통해 상실된 대화와 협력, 갈등조정 능력을 회복하는 시민적 역량 교육

전쟁을 어떻게?

그러나 '전쟁을 어떻게 해야 하지?'라는 질문이 해결되지 않았습니다. 위에서 본 평화·통일교육의 논의에서 전쟁에 대해 어떤 배움을 할 것인지가 충분히 검토되지 않았습니다. 이 취약성의 파악은 매우 중요합니다. 변화하고 있지만 아직 한반도는 국제적으로 종결되지 않은 예외적인 준전시 상태이기 때문이고, 군비경쟁과 같은 동북아의 전쟁 구조가 세계 최고 수준이기 때문이고, 또 '전쟁의 통한 해결'이라는 오래된 신화를 믿는 신도들이 한반도와 주변에 매우 많기 때문입니다.

전통적으로 평화교육은 전쟁에 대한 반전의 입장에서 태동되었습니다. 전쟁은 국가의 형성과 민족국가의 정체성 등 역사적 실체와 아울러 민족국가 구성원의 역사의식에 절대적 영향을 미치는 사건입니다. 전쟁은 국가와 사회, 그리고 사람 개개인에게 엄청난 영향을 미칩니다. 전쟁의 기억은 국가를 중심으로 하는 권위와 정당성, 정체성과 안전을 제공합니다. 전쟁을 기억하는 행위는 선택적이며 해석적이며 정치적이다. 그 기억은 결코 투명하지 않습니다. 이러한 점들이 교육운동에 어떤 시사점을 미칠까요? 남북관계를 다루는 교육에서 이 주제를 어떻게 다루면 좋을까요?

기억의 행위와 동기는 결코 순수한 적이 없습니다. 기억 행위는 단순 명료하거나 균형감각을 가진 경우가 오히려 드물고, 관련된 다양한 행위자들 간의 정치적 경쟁과 타협을 특정하게 반영하는 것이 일반적입니다. 전쟁에 관해서는 더욱 그렇습니다. 전쟁의 기억과 윤리에는 많고 다양한 역사적 기억과 문화적 소재, 그리고 특히 공포의 기억과 공포의 원천이 상실의 대상으로서 생존과 집단적 정체성 등이 중요한 요소로 작용합니다.

국가 수준의 전쟁 기억은 대체로 두 가지 목적에 봉사합니다. 전쟁과 국가에 대한 특정한 정치적 태도를 긍정하고 전파하는 것과, 전쟁이 야기한 시민들의 트라우마를 표현하고 대처하기 위한 것입니다. 전몰자 추모의 전통은 근대국가와 시민의 등장과 궤를 같이 하는 것이므로, 그 '죽음'에 대한 국가의 태도는 살아있는 국가의 이미지와 권력의 작동에 중요한 토대를 제공하는 것입니다.

폭력적인 분쟁에 처한 인간은 상처를 기록하면서 동시에 상처로 인해 소환되는 기억들의 저장소로서 살아갑니다. 그 기억들은 소환된 고통이기도 하기 때문에 폭력을 겪은 사람들은 그 상처와 기억들을 현재의 사회적 맥락에 다시 등장시켜 객관화(외화)함으로서 자신을 다시 성찰하려는 자기치유의 욕구를 갖습니다. 성찰에 노출되지 않는 상처의 기억은 사람을 온전한 역사의 주체로 만들지 못합니다. 고통의 재성찰을 통해 인간은 자기 자신과 화해하며 새로운 자신으로 정립됩니다.

왜냐하면 모든 분쟁이 그렇듯이 고통은 타인과의 관계 속에 놓여져 있기 때문입니다. 가해자 피해자, 적군과 아군 등 이 관계망은 역사적 관계망입니다. 고통을 기억한다는 것은 역사의 관계망속에서 과거 상처로 관계맺은 타인과 조우함을 의미합니다. 그 재우는 상처받은 자신과 타인의 '드러냄' 즉 '전시'이며 이는 연대감으로 나아갈 수 있습니다.

사람들이 전쟁을 경험하는 방식이 다르기 때문에 전쟁은 항상 복수(複數)입니다. 역사 역시 복수여야 합니다. 이는 하나의 분단이 아니라 여러 분단들을 드러내야 한다는 탈분단론의 뜻과 닿아 있습니다. 역사 이야기를 여러 가지로 다수화하는 것이 훨씬 민주적이며 변화지향적입니다. 이 복수의 역사들이라는 가치를 수용하는 사람이라면 단일한 국사의 가치에 의문을 제기할 수밖에 없습니다. 앞으로 남북한이 만나서 평화의 프로세스를 만들어갈 때 여러 개의 역사를 인식하고 수용할 준비를 할 필요가 있을까 연관되는 주제입니다.

단일한 역사인식에 대해서 질문을 제기할수록 그러한 역사인식의 우스꽝스러움이 더 잘 드러날 것습니다. 이

주노동자 역사는 우리 민족사의 일부인가요? 동남아시아의 여성들과 동북아시아의 남성들간에 진행되는 결혼이주 현상은 민족사로 수렴될 수 있는가요? 일본군 성노예("군위안부")는 특정 민족사의 일부분일 뿐인가요? 베트남-미국 전쟁 당시 한국군에 의한 베트남 민간인 학살은 민족사인가요? 주한 미군기지 인근의 매춘과 환경오염은 민족사의 일환인가요? 티베트 이야기는 중국사의 일부분인가요?아닌가요? 미국의 이라크 침략과 이에 동참한 민주정부의 한국군 파견은 민족사로 수렴될 수 있는가요?

이러한 질문에 대한 보다 의미있는 답은, 역사는 한번도 단일 역사로 존재하지 않았기 때문에 오히려 여러 개의 역사로 볼 때 더 잘 찾아질 것입니다. 문명과 야만, 강자와 약자, 영웅과 악당, 보호자와 피보호자, 백인 흑인 황인, 남성과 여성 등 우리가 만든 경계 때문에 사실들을 달리 기억되고 달리 전승되기 때문에 역사는 여러 개의 이야기일 수밖에 없습니다. 역사를 상상된 이야기로 간주하는 방식은 우리를 자기폐쇄성 - 우리 내부의 편견과 억압적 위계질서라는 폐쇄성 - 으로부터 해방시키는 길로 연결될 것입니다.

새로운 역사와 새로운 평화교육

역사에 대한 이야기들은 대개 '우리'라는 소속감을 강조하는 것으로 출발합니다. 소속감은 일종의 안정감을 줍니다. 그러나 그 때문에 동시에 위험합니다. 하나의 집단에 배타적으로 소속되면 바로 우리-대-그들 이라는 경계설정이 작동합니다. 심적 안정감의 본성상 우리 집단은 우월해야 하며 타 집단은 열등해야 한다는 심정을 발동시킵니다. 이 순간 인간의 평등성을 기초로 세계를 바라보려는 시도는 훼손됩니다. 그리고 나면 존엄성은 '우리'라는 우리 안에서만 주어집니다. 이럴 때 민족은 (가장 쉽게 속이고 교육될 수 있기 때문에) 이러한 소속감을 형성하는 가장 이상적인 단위가 될 것입니다. - 이 땅은 우리 땅, 우리는 같은 혈통!

이럴 때 우리 땅이라니, 어디까지를 말하는 것일까, 같은 혈통이라니, 하고 질문하기는 거의 힘듭니다. 이에 따라 우리 집단에 소속되지 않는 사람에 대한 배제가 정당화되고 더 나아가면 폭력이 정당화됩니다. 세계의 주도적인 문명이 이슬람-아랍세계에 대해 보이는 것처럼 차별과 악마화가 뒤따릅니다. 기존의 '우리들만의 이야기'가 반복됩니다. 기억되지 않는 타자들의 삶과 이야기는 망각의 나락으로 떨어집니다.

만일 민족을 포함하여 '우리 중심'의 역사인식이 인간의 평등성을 훼손하고 갈등을 유발할 가능성이 있다면, 이러한 전통을 넘어서는 길은 무엇일까요?

먼저 우리는 민족사를 구성하는 전통적인 역사적 이해에 현대적 가치의 잣대를 투입할 필요가 있습니다. 민중을 중심으로 하는 가치는 민중사를 중심으로 역사를 재해석합니다. 여성의 역사를 발굴 재구성하는 역사도 점점 중요해지고 있습니다. 인권의 가치를 중심으로 독재나 군국주의, 전쟁의 역사를 깊이 이해할 수 있습니다. 평화의 가치를 중심으로 전쟁과 지배, 고통의 역사를 깊이 이해할 수 있습니다. 평화의 가치에는 특히 전쟁과 승리와 명예와 권력 그 자체에 관한 전통적 지혜에 의문을 제기합니다. 평화교육의 고통의 기억, 즉 고통의 역사를 중시하는 속성을 가집니다. 폭력이 행사된 역사적 행위에 대해서 민족적 정당성을 버리고 그 폭력의 결과하는 것 어떻게 정당화되었는지 누가 득을 보았는지에 대해 보다 비판적인 탐구를 할 필요를 제기합니다.

'고통의 기억'은 화해와 평화의 길로 가는 하나의 출발점일 뿐입니다. '고통의 기억'을 분개와 전사자-영웅 찬미로 국한하지 않고, 자기성찰과 연대감으로 확대하는 것이 중요합니다. 고통의 기억을 자기성찰로 심화시키는 데에는 인위적인 이분법적 사고를 극복하는 것이 매우 중요합니다. 전쟁구도에서 강요되는 국가-사회, 군인-민간인, 남성-여성, 선-악, 정상-비정상, 적군-아군 등의 인위적인 구분을 넘는 사고를 제공해야 합니다. 여기서 '우리의 고통'에 '타인의 고통'을 교차시켜 기억하는 것이 주효할 것입니다. 즉 고통이라는 강렬한 경험의 기억 행위를 통해서 우리와 타인의 경계선에 대한 비판적 성찰을 가능하게 하고 그럼으로써 분개심이나 찬미와 같은 수직적 인식에서 탈피하여, 폭력 앞에서 비슷해지는 사람들 간의 유대감을 함양하는데로 나아갑니다.

전쟁과 폭력적인 갈등상황에서 전통적으로 피해자, 소극적 주체, 비정상적 주체, 주변부, 적, 여성, 평화주의자, 전쟁거부자들이 어떤 경험으로 하고, 어떤 노력을 했으며 어떤 느낌과 생각을 표현했는지에 주목해서, 민족사로 수렴되지 않는 이질적인 이야기들을 보다 주의깊게 경청한다면 보다 깊이 있는 평화의 성찰로 이어질 수 있습니다.

그렇기에 탈분단을 지향하는 평화교육은 전쟁의 문제에 대해 아래와 같이 접근해야 할 필요가 있습니다.

- 전쟁의 정당화 사상과 반전의 사상에 대한 이해
- 전쟁의 전당화와 군사주의 문화 및 군사화된 남성성, 국제정치의 현실주의의 상관관계에 대한 이해

- 전쟁기념관 등 전쟁의 기억과 기억의 정치에 대한 비판성 형성, 평화기념관 운동 등을 참조하면서.
- 전쟁에 대한 복수의 이해(전쟁들): 전쟁사, 전쟁의 공식 기록에서 사라진 존재들, 비가시화된 존재들, 열등화된 존재들, 타자화된 존재들에 대한 시민적 성찰 형성
- 전쟁이라는 폭력과 그 고통에 관한 이해와 연대 (국경을 넘는 고통의 연대)
- 이를 통한 일국사적 역사 인식의 극복 (전쟁, 군비, 갈등의 상호성, 국제성)
- 소속감, 정체성, '단일한 우리 역사'관과 전쟁의 상호작용 이해

갈등에 대한 이해

역사 학습에서 국가간, 민족간, 기타 갈등과 전쟁은 대체로 주로 힘의 정치로 설명되는 현실주의로 해석됩니다. 절대적 주류 사관이라고 할 수 있습니다. 현실주의는 근대 제국주의 국가가 자신의 국제관계를 합리화하기 위해서 이론화한 것이지만, 제국주의에 영향을 받은 거의 모든 국가에서 (비록 외형적으로는 탈식민화 되었다고 해도) 주류의 사관으로 자리잡습니다. 현실주의 해석 체계에서 국제관계는 기본적으로 힘의 관계이며, 그 힘은 주로 군사력과 경제력으로 구성되었고, 국가간 관계는 기본적으로 경쟁적이며 적자생존의 세계이며 이를 조정할 상위의 힘이 없는 무정부상태이기 때문에, 국가와 국력을 중심으로만 세계가 작동하며 그렇게 이해하는 것이 현실적인 것으로 간주됩니다. 이러한 해석 체계에서 무력갈등/적대적 충돌을 불가피한 현실이며 강국의 지배에서 벗어나는 길은 강국이 되는 길이나 '세력균형' 밖에 없으며 양병과 군비가 부족하여 이에 실패한 국가의 역사는 실패한 역사로 이해됩니다.

그러나 자유주의, 비판이론, 여성주의, 평화학 등의 영향으로 이러한 절대 주류의 해석에도 금이 가고 있습니다. 자유주의 국제관계론은 가치와 제도, 상호의존성과 협력을 통해 무한경쟁의 국제관계가 조정될 수 있다고 보며, 여성주의에서는 현실주의 세계관의 근대 남성들의 남성지배 세계를 위한 남성적 세계관으로 비판합니다. 현실주의에 대한 여성주의의 비판은 국가와 남성, 전쟁의 거의 삼위일체를 이루고 있기 때문에 젠더 관점의 개입은 이러한 신성동맹을 해체시켜 다양한 해석과 지향을 낳을 것이라는 것입니다. 다양한 비판 이론에서 공통으로 제기하는 것은 국제적 사건(역사를 포함)에 대한 이해는 국가의 정체성과 추구하는 이익에 연동되어 있기 때문에 국가의 정체성과 이익이 변동하면 국제관계와 역사해석도 달라진다고 봅니다. 전쟁/지배 불가피론은 그러한 추세와 행동을 만들어내며, 그렇게 만들어진 행동은 다시 원래의 가정을 사실로 만든다는 것입니다.

평화학에서 특히 갈등분석과 갈등이해와 관한 연구에서도 새로운 역사 인식을 요구한다. 먼저 전쟁과 무력갈등을 인간사의 불가피한 실제로 볼 필요가 없다는 점을 제기합니다. 평화론자들이 역사 학습에 대해 가장 공통적으로 제기하는 5가지 요점은 이렇게 요약할 수 있습니다.

- 갈등에는 조정가능한 갈등도 있고 조정하기 매우 어려운 갈등도 있다.
- 갈등은 인간사, 국가사의 일부이다. 그러나 그 갈등이 모두 적대적 파괴적 갈등인 것은 아니다.
- 갈등은 사람의 일이므로 폭력적 갈등도 예방될 수 있다. 하기 나름이다.

- 주류 역사관은 지나치게 폭력적 갈등을 부각시켰고 반대로 평화적 갈등 변환의 사실을 누락시켰다. 이렇게 해서 전쟁불가피론을 정당화시킨다.
- 평화를 만드는 길은 다양하게 존재해왔다.

이러한 관점에서 역사 학습을 하게 된다면 다음과 같은 주제를 필수로 다루어져야 할 것입니다. 이러한 역사 학습은 기존의 관점 없는 (주류 현실주의를 무작정 수용하는) 역사 학습과 완전히 궤를 달리 합니다.

- 다양한 성격의 갈등에 대한 이해
- 평화로운 세상과 관계에 대한 비전
- 갈등 관찰 능력
- 갈등 양상과 성격 분석 능력
- 갈등 분석을 통한 다중적 관점의 역사 학습
- 갈등에서 언어와 소통이 미치는 영향
- 갈등에서 다양한 종류의 조정자의 역할과 영향
- 협상과 중재에 대한 이해
- 평화를 만드는 일꾼(peace builder 외교관, 대표, 민간, 기타)의 특징
- 평화 일꾼의 역할과 행동의 종류
- 평화에 기여하는 국제기구 이해
- 국제적 영향력 형성에 대한 이해
- 사례 연구

유네스코의 국제-시민성 논의에서 얻는 시사점

국가나 민족에 대한 소속감에 귀속된 인식을 해방시키는데 중요한 참고가 될 만한 또 하나의 프레임으로 유네스코의 교육 혁신을 들 수 있습니다. 유네스코는 한 나라와 세계에서 평화의 문화에 토대가 되는 방식과 가치의 개발을 통하여 지식과 이해를 통합하는 교육학적 접근(pedagogical approach)강조합니다. 또한 모든 삶의 영역에서 긍정적인 변화를 위한 비판적인 능력향상이 필수적임을 명확히 합니다.

예를 들어 유네스코의 국제이해교육은 "평화의 문화"를 지향하며, 평화, 인권, 세계화, 문화다양성, 지속가능한 발전의 다섯 가지 주제를 중심으로 한 통합 교육으로 인종·문화·종교 간의 갈등을 극복하고, 더불어 사는 세상을 만들기 위한 보편적인 가치관과 삶의 태도, 지식과 기술을 지닌 세계시민을 양성하는 것을 목표로 한다고 규정되어 있습니다. 그 교육적 원리로서는 1)총체적 이해, 2)대화의 교육, 3)문화적 교육, 4)비판적 능력, 5)자력화(empowerment), 6)연대적 관계성을 설정하였습니다.

또 유네스코의 문화간(inter-cultural) 대화 교육에서는 다음과 같은 원칙을 핵심적으로 강조하고 있습니다.

- 문화간 대화 교육은 학습자의 문화정체성을 존중한다.
- 모든 학습자에게 사회에 적극적이고도 완전하게 참여하는데 필수적인 문화적 지식과 태도, 능력을 제공한다.
- 모든 학습자에게 개인과 민족적, 사회적, 문화적, 종교적 집단들과 국민들 간의 존중과 이해, 연대에 기여할 수 있게 하는 문화적 지식과 태도, 능력을 제공한다.
- 문화다양성은 국민 문화의 다양성으로 축소될 수 없다.
- 문화다양성과 경제는 서로 맞지 않는다.
- 문화다원주의를 위해서는 개인과 집단의 다중정체성을 인정하는 새로운 접근법을 탐구할 필요가 있다.
- 보편적 기준(인권 등)에 기초하여 차이를 존중하기: 인권, 젠더평등성, 지속가능성, 평화, 민주주의에 기초하여
- 다른 문화를 깊이 있게 이해하기: 언어, 가족형태, 종교, 제도, 전통과 역사, 불평등, 차별, 욕망 등에 대한 통합적 이해
- 스테레오타입과 편견, 차별에 대한 감수성 기르기/소속 집단의 정체성에 대한 비판: 다른 집단을 볼 대의 '낯섦'과 '친숙함' 비판하기
- 편견과 차별의 원인 요소 배우기: 차별의 계기로서 인종/민족, 경제, 국적, 언어, 신체조건, 나이, 성별, 관습, 가족, 삶의 방식, 제의, 역사적 기억, 교육 방식에 대한 인식과 감수성 비판

- 이질감과 두려움에 대한 비판적 성찰:
  · 삶의 환경과 배움의 환경을 다문화적으로 만들기
  · 취약 집단에 우선적인 관심과 보호를 제공하기
  · 비판 능력과 비판적 페다고지

이러한 접근법은 역사 교육에도 많은 시사점을 제공합니다. 세계가 고정된 것이 아니며 세계에 대한 인식 역시 변할 수 있다는 것이지요. 세계는 항상 변화하며 세계를 이해하는 방식도 변화합니다. 그래서 세계를 변화시키고 있는 핵심 의제를 통해 세계의 변화를 이해하는 것이 효과적입니다. 대표적으로 인권, 평화, 젠더, 지속가능성, 발전, 문화간 이해, 글로컬, 시민권 등이 글로벌 의제의 중심에 있습니다. 이러한 주제에 대한 이해는 세계사와 세계에 대해 시각과 생각을 심화시키고 증진시킵니다.

뿐만 아니라 '국제' 또는 '세계'는 꼭 외부에만 존재하지 않습니다. 지역(local)과 글로벌(global)은 매우 긴밀한 관계를 맺고 있습니다. 그렇기에 이를 통합적으로 이해하고 접근하려는 글로컬(glocal)의 중요성이 더욱 더 강조되고 있습니다. 지속가능성 교육, 평화교육, 인권교육, 문화간 교육, 세계시민교육의 가치와 내용은 모두 지금-여기(자)와 세계(타)의 연관성을 이해하는 글로컬 인지력과 행동 능력의 향상을 가져옵니다.

타 사회에 대한 다문화적, 문화간 상호작용의 감수성과 이해를 증진하는 교육이 의미가 높다. 외국에 대한 이해에서는 특히 문화간 상호작용(inter-cultural 또는 cross-cultural)의 접근법을 잘 숙지할 필요가 있습니다. 이를 위해서 한국에서 자주 사용되는 '국민문화'와 '국민성' 담론 및 선진-후진 분류법을 탈피하여 수평적인 문화적 감각과 인식을 취득할 필요가 있습니다.

국가와 국민에 포섭되지 않는 다양한 현상을 포착하기 위해서는, 잘 보이지 않고 알려지지 않거나 무시되기 쉬운 비주류의 전통에도 세심히 주목하고, 자신의 문화와 다른 문화와의 비교와 학습을 통한 심층적 이해와 상상을 취하는 것이 바람직합니다.

평화론과 평화교육론은 이렇게 보편적 가치의 의미, 갈등에 대한 심화된 인식과 접근, 국제와 전쟁 및 국가주의와 관련된 주류 인식에 대한 도전, 다문화성, 시민성 교육론 등에 힘입어 지속적으로 확장되어 왔습니다. 그리고 그 결과로 평화교육은 지금의 통일교육과는 서로 매우 다른 지형에 서 있는 것으로 보입니다.

평화론은 '평화는 추상적이다'라는 고정된 생각을 넘어서 평화를 매우 구체적인 일상과 연계하면서 동시에 그 일상과 상호연관되어 작동하는 구조를 함께 인식하는 방식으로 확장되어 왔습니다. 또한 결과지향적인 방식이 아니라 과정에 초점을 두고 체계를 만들어가는 방향으로 운동이 진행되어 왔기도 합니다. 평화론은 인식의 운동이자 사상의 운동이며 동시에 실천의 운동입니다. 이런 평화론의 확장은 평화를 개개인의 가치나 마음의 문제인 것처럼 축소시켜서 '평화'가 현실 세계에는 적용되지 않는 것이라고 믿도록 만들어온 오래된 체제에 대한 깊은 저항의 의미도 담고 있습니다.

평화세우기는 위에서 언급한 평화학자 요한 갈퉁이 처음 제안했고 이를 부트로스 부트로스갈리 6대 유엔 사무총장이 1992년 "평화의 의제(Agenda for Peace)"[33]라는 특별한 보고서에서 중요한 개념으로 사용하면서 점차 통용되기 시작했습니다. 여기서 평화세우기라는 개념은, 평화라는 지향보다 훨씬 폭넓게, 폭력과 갈등을 예방하고 발생할 경우 중단시키고 그 이후 재발을 불가능하게 하는 사회시스템을 설계하는 것까지 포함하는, 이와 관련된 모든 행동을 연속적이고 과정적인 것으로 구상하는 행위를 지칭하게 되었습니다. 그런 면에서 평화세우기는 과정의 중반기부터 사회/체제 변혁적 성격을 갖는 실천이 됩니다.

---

33) http://www.un-documents.net/a47-277.htm

평화세우기의 관점은, 평화협정을 체결하는 것처럼 폭력을 사용하지 않기로 또 싸우지 않기로 약속한다고 평화가 자동적으로 도래하지 않는다는 인식을 거의 핵심 신조처럼 강조합니다. 평화세우기는 근본적으로 체제변혁적 과정이기 때문에, 화해와 신뢰구축 및 치유의 단계를 거치면서도 생태를 포함한 체제의 지속가능성, 사회정의, 인권 보장, 시민사회 강화, 평화지향적 언론, 사회적 약자들의 권력형성(empowerment)을 분명한 과정의 목표로 설정합니다. 과정의 목표가 구체적으로 단계적으로 명료하게 되면 각 과정을 수행할 행위자가 그 만큼 강조될 수 밖에 없습니다. 가치와 마음의 문제로서의 평화는 '착한 사람'에 강조를 두지만, 평화세우기로서의 평화는 다양한 많은 행위자와 각 행위자의 역량형성에 강조를 두게 됩니다.

평화세우기를 지향하는 평화실천가들과 국제평화기구 등에서는 평화세우기의 핵심역량을 대략 다음 다섯 가지로 보고 있습니다.[34] 지속적 평화와 발전의 기반 만들기, 다면적 갈등관리 역량, 해당 나라와 사람들의 주도, 일관성 있는 전략(대화, 민간 평화기구, 문제해결 워크숍, 차별예방, 갈등후유증 대응), 이를 통한 항구적인 갈

---

34) 예로서, 독일 베르그호프재단(Berghof Foundation), 유엔평화세우기기금 http://www.unpbf.org/application-guidelines/what-is-peacebuilding/, 한국 (사)피스모모.

등 재발 방지: 시스템의 변화. 또 이 과정에서 특히 청년과 여성들이 평화와 안보 모든 영역과 결정 과정에 참여, 그 과정에서 주도성-지도력-책임성의 수행, 관련된 지식-태도-역량 습득, 다양성과 소수자 존중, 폭력 민감성, 대화-협력-파트너십을 수행하는 역할을 부여받고 있는 것입니다.

그렇다면 평화세우기로 변화의 과정을 읽어본다면, 그 사상 속에서 체제 변혁의 과정으로서의 평화, 지속적 평화와 발전에 대한 생각, 갈등관리와 그 역량에 대한 생각, 당사자들의 주도성, 일관성 있는 전략, 청년과 여성 및 소수자들의 역할에 대한 인식, 대화의 역량 등을 포괄적으로 담아낼 수 있습니다. 그런 면에서 평화세우기의 관점은 사회변화를 조망하는 데 매우 의미 있는 렌즈라고 할 수 있습니다.

두려움-공포에 관한 성찰

적은 두려움이라는 감정과 직결된 표상입니다. 그 표상은 실재하는 것일 수도 있고 가공된 것일 수도 있지요. 가공된 표상의 대표적인 것으로 이슬람공포(islamophobia)[35]를 들 수 이습니다. 비판적인 연구자들은 이슬람공포라고 하는 가공된 표상의 이면에 존재하는 실재적 표상은 이 세계를 계속 지배하고자 하는 현 패권 세력의 제국주의적 정치가 있다고 말합니다. 이 관점을 택한다면, 적의 존재는 공포라는 감정을 통해서 성립되고 이 감정은 특정한 정치적 이익을 보장합니다. 이렇게 작동하는 정치를 '안보 정치'라고 부르고자 합니다.

앞서 2장에서도 잠시 소개했는데요. 영화 강철비에서 정우성씨가 역할을 맡아 분했던 북한의 특수정예요원 엄철우는 이런 말을 남깁니다: "남조선서 만난 친구가 그러더라고, 분단국가 국민들은 분단 그 자체보다 분단을 정치적 이득을 위해 이용하는 자들에 의해서 더 고통을 받는다고." 그 '남조선 친구'는 한국 외교안보수석인 한철우라는 인물로 곽도원씨가 연기했습니다. 영화에는 선거를 앞두고 일어난 북풍 사건이 세밀하게 남기기도

---

[35] Chris Allen (2017) Towards a Working Definition of Islamophobia, University of Bermingham https://wallscometumblingdown.files.wordpress.com/2017/01/chrisallen-defining-islamophobia-home-affairs-committee-briefing-january-2017.pdf

했습니다. 한국 정치인들이 북한 당국에서 휴전선 도발을 요청하고 돈을 건네는 장면은 꽤나 리얼합니다. 과거 박정희 독재정권 치하에서는 술 마시면서 북한에 관해 언급했다가 국가보안법으로 장기 투옥되는 사람들이 있었습니다. 이런 이유로 국가보안법은 '막걸리 보안법'이라고 놀림을 받았는데요. 국가보안법은 단순히 술주정이라고 할지라도 체제를 붕괴시킬 수 있는 위험한 사람들이라고 규정할 만큼 이념의 차이를 드러내고 그런 인물들을 색출하는데 혈안이 되어 있었습니다. 국가보안법은 안보정치의 핵심으로 작동합니다. 통치와 체제유지에 방해되는 사람들을 모조리 '빨갱이'로 몰아가면서 '빨갱이 공포'를 조장하는 방식은 안보 정치가 작동하는 전형이니까요.

안보 정치는 어떤 이슈들을 국가 존립에 영향을 미치는 것으로 전제하고 그 이슈들에 대해 발언하지 못하도록 강제합니다. 체제에 대한 비판이나 적으로 규정되는 체제에 대한 우호적 발언은 국가 안보의 위기를 가져올 바이러스로 보는 것이지요. 국가보안법이 막걸리 보안법이라는 놀림을 받을지언정 현실에서는 끔찍하고 공포스러운 악법으로 작동할 수 있었던 것은 전쟁의 공포에 기반하여 형성된 안보담론에 대한 암묵적 동의 때문이었습니다. '그 사람이 북한체제를 찬양하는 말을 했다던데 그럼 빨갱이 맞잖아. 빨갱이는 감옥가야지! 너는 걔랑 친하게 지내지 말아라!' 빨갱이 공포는 국가 안보를 더욱 신성시하고 범인이 범접할 수 없는 전문가의 영역으로 밀어넣기에 충분했습니다. 너무나 잔혹하고 폭력적이었으니까요.

그러나 이 때의 공포는 실제가 아니라 '아직 닥치지 않은 상태'에 대한 반응이라는 면에서 미완료된 것이며 끝마쳐지지 있지 않음을 의미합니다. 시간의 임박함을 상정합니다. 안보 정치에서 공포의 메시지는, 국가안보기구의 간첩색출 포스터와 전국의 반공 표어에서처럼 일상을 전면적으로 포위하는 방식을 통해서 일상화됩니다.

중세 기독교의 광기가 도처에 존재하는 마귀와 사탄을 강조하며 마녀사냥, 이단사냥에 나섰던 것과, 안보주의 국가에서 '도처에 침투한 불순분자'들을 상상하며 색출과 폭로의 압박을 구사하는 것이 일치하는 것은 우연이 아닙니다. 과거 성직자가 진실의 텍스트를 독점하면서 '교회 밖에 구원은 없다'라고 말한 것과 현대 안보전문가들이 위협 해석을 독점하면서 '국가 밖에 구원은 없다'고 말하는 것이 완벽하게 일치하는 것도 우연이 아닙니다.[36] 즉 한국과 같은 나라에서 안보 전문가들은 오랫동

---

36) Michael Dillon, Politics of security: Towards a political philosophy of continental thought, Routledge, 1996 와 Ole Waever, "Securitization and Desecuritization", in Ronnie D. Lipschutz ed., On Security, Columbia University Press, 1995 의 안보론 비판, 탈안보론 참조

안 일종의 성직계급으로 존재해 왔으며, 이에 대한 반론은 이단이나 마녀로 취급되어 왔습니다.

또 안보 정치는 <우리와 같다>와 <우리와 다르다>는 이분법적 구분, 그러한 논리를 확산시킵니다. 우리와 다른 것은 적, 그러므로 우리는 동질해야 한다는 것입니다. 전효관은 "<우리와 같다>는 규정이 새롭게 생산된 규정이라는 점"에 주목해야 한다고 강조하면서, "<우리와 같다>는 규정은 지배의 희망을 <우리와 다르다>는 지배를 위한 어려움을 재현한다"고 통찰했습니다.[37] 즉 분단 언어는 안보 정치의 언어로 재생산되는데 그 속에서 늘 우리와 적이라는 이분법을 생산, 확대시키고 그 이분법적 적아 언어를 통해 북한뿐만 아니라 우리와 다른 사람들을 타자화하여 억압한다는 것입니다. 안보 정치는 분단의 언어에 대한 비판적 이해, 특히 적아 이분법 등 이분법적 언어를 통해 더 깊게 이해될 수 있습니다.

안보 정치는 시민들이 지금 처한 분단을 정상적인 정치가 작동하지 않아도 되는 <예외 상태(State of exception)>로 인식하도록 압박을 가합니다. 예외 상태는 이를 테면 수용소와 같은 상황입니다. 수용소는 예외적인 장소로 여겨집니다. 수용소 안에서는 사회 안에서

---

37) 전효관, 위 자료.

작동하는 규칙과 다른 규칙, 즉 예외적이고 폭력적인 규칙이 당연한 것으로 받아들여지는데, 이는 수용소를 운영하는 국가의 목적을 달성하기 위한 것입니다. 예외 상태는 이러한 상황이 근대 정치에서 보편적으로 작동한다고 관찰한 이탈리아의 사상가 조르조 아감벤(Giorgio Agamben)의 핵심 개념입니다.[38] 통치의 수단으로서 완전한 배제의 대상을 소모가능한 존재로 규정하는 것, 이를 통해서 국가 폭력을 정상적인 것으로 정당화하는 것을 가리켜 개념화한 것이지요.

예외상태는 "정치적 반대자뿐 아니라 어떠한 이유에서건 정치체제에 통합시킬 수 없는 모든 범주의 시민들을 육체적으로 말살시킬 수 있"는 현대 전체주의의 통치수단이라고 말할 수 있습니다.[39] 예외 상태는 냉전을 경험한 국가들에서 일반적으로 나타나고 특히 한반도에서 강하게 나타난다고 볼 수 있습니다. "한국전쟁이라는 초유의 비상사태의 경험은 예외상태의 무한한 자원, 보고의 역할을" 하였고, 이후 남북은 서로를 외부화하고 내부화하면서 예외상태를 창출해왔기 때문입니다.[40]

---

38) Giorgio Agamben, State of Exception(Stato di eccezione). Translated by Kevin Attell.University of Chicago Press. p.104
39) 조르조 아감벤 저, 김항 역, [예외상태], 새물결, 2009, p. 15.
40) 홍민, "분단과 예외상태의 국가: 분단의 행위자 – 네트워크와 국가폭력", 북한학연구 제8권 제1호, 동국대학교 북한학연구소, 2012, pp.69-79.

이런 문제의식을 바탕으로 던져볼 수 있는 질문의 목록을 정리해보았습니다.

- 분단체제를 불안하게 만드는 주제와 개념은 어떤 것들인가?
  ex) 집단 중심성, 집단적 경계, 폭력 사용, 위계성, 도전의식, 획일성, 영웅적 리더십, 불안-공포 정치, 일체화, 서열화, 군사화, 아적 이분법, 보호의 폭력, 신민성에 관한 주제들, 이를 섬세하게 알아차리기 역량, 이로부터 해방된 가치와 배움

- 분단체제를 불안하게 만드는 과정을 탈분단이라고 가정할 때 이 과정은 어떻게 범주화-단계화할 수 있을까?
  ex) 식민주의, 군사주의, 권위주의, 남성성 패권, 안보정치로부터의 해방

- 한반도에서 형성된 남북한간의 적대적 정체성을 약화시키는 효과적인 인식변화 또는 배움 과정은 어떤 것일까?
  ex) 적대적 양자갈등에 대한 비판적 페다고지, 민주-인권-젠더-지속가능성 가치

- 남북한-동북아 역사 사건에 대해서 의인화된 국가,

가부장적 국가행위자를 주어로 하지 않는 대안적 역사관은 어떻게 시작할 수 있는가?
ex) 국사와 영웅사관에서 벗어난 다면적 다층적 역동적 역사 인식

- 군사주의의 발현으로서 남북한의 전쟁-군비경쟁을 어떻게 비판적으로 성찰할 수 있을까?
ex) 군비경쟁 알아차리기, 안보딜레마 비웃기, 군사주의-남성성-식민성의 연관성 드러내기, 넘어서는 대안의 사회

- 기존의 민족동질성에 기초하는 남북관계 교육(통일교육)과 다르기 이해서는 어떤 가치나 원리가 핵심에 자리 잡아야 할까?
ex) 다양한 주체, 주체들의 자기결정권, 과정(개입, 작용, 이해) 중심의 변화, 안보 딜레마 넘어서기, 비폭력 반군사, 불안-공포 정치 알아차리기, 평등, 무지개, 보호 대신 이해와 돌봄, 탈식민 시민 주체, 해방의 교육 …

그리고 앞에서 논의했던 '분단폭력을 반영'하면서 '평화세우기를 비전으로 설정'하는 탈분단 평화교육에 대한 이 장의 논의를 요약하면 아래와 같습니다.

평화세우기를 위한 탈분단 평화교육

- 분단폭력에 집중하면서도 21세기 평화와 공존의 세계적 시민성을 위한 교육
- 전쟁에 대한 관점의 다각화를 통한 다양하고 비판적인 전쟁 성찰: 전쟁의 복합적 작용과 반전의 가치를 중심으로 다룰 수 있는 교육
- 자국과 승전국 중심의 역사교육이 아닌, 다양한 존재들 간의 관계와 교류 및 평화적 상호작용 중심의 역사 교육
- 정체성의 문제를 비판적으로 다루는 교육
- 분단체제에 갈등분석 및 전환에 대한 교육을 적극적으로 접합시키는 교육
- 한반도-동북아의 갈등에 대한 평화세우기 프레임에 입각한 복합적인 교육
- 적대와 공포의 정치화 및 안보 정치에 대한 거시적 미시적 비판과 성찰: 거시적 미시적 탈분단의 가능성을 중심에 두는 교육
- 유네스코의 세계시민성교육에 강조하는 글로컬 연관성, 문화적 다양성과 간문화성, 시민성의 복합적 상호연관된 차원들을 강조하는 시민성 교육

6. 탈분단 평화교육의 전망과 과제

앞의 모든 논의들을 기반으로 하여 요약한다면, 탈분단을 평화교육의 과제로 삼기 위해서는 다음과 같은 변화가 필요하다고 할 수 있습니다.

변화를 위한 탈분단 평화교육은,

○ 분단폭력, 군사주의-안보주의의 폭력, 안보국가-가부장제-남성성-위계문화의 연관성을 드러내고 이로부터의 자유를 가장 중요한 방향과 내용을 삼아야 할 것이다. 이를 탈분단 평화교육이라고 개념화할 수 있다.

○ 한국-한반도의 불평등, 가부장제, 군사주의, 서열주의, 분단체제, 인종주의, 반생명문화를 탈분단 평화교육에서 다루어야 할 가장 중요한 구조적-문화적 폭력으로 위치지우며, 이에 기초하여 구조적 폭력과 문화적

○ 기술 교육, 방법론 교육, 교양교육을 넘어서야 한다. 방법론과 교육공학에 대한 관심에서 나와 비판적 교육으로 탈분단 교육운동을 세우는데 관심을 두어야 한다. 탈분단 평화교육은 분단에 야기한 기존의 삶과 사회 관행 속에 다양하게 구조화되어 있는 가시적, 또는 비가시적 폭력에 문제를 제기하는 비판적 교육이다. 즉 자신들이 살아가는 세계에서의 삶의 방식을 비판적으로 인식할 수 있는 능력을 발전시킨다.

○ 탈분단 평화교육은 교육자와 참가자가 함께 변화를 직접 경험하는 과정(process)으로서의 교육이다. 폭력의 문제에 진지한 관심을 기울이는 변화의 과정은 필연적으로 어떤 정해진 대답을 제시하는 것 보다는 경청, 대화, 협동, 탐구, 모색, 실험, 실천을 새로운 가치와 관행을 만드는 과정이다.

○ 탈분단 평화교육은 갈등분쟁을 예방하는 성격과 의미를 갖는다. 이는 폭력과 폭력의 문화에 대한 감수성을 높임으로서 가능하다. 갈등이 일어난 후 해결하는 것보다 미리 예방하고 피하는 것을 목적으로 하는 보다 집중적 활동으로서의 평화교육은 사회적 자원을 크게 증진시키는 잠재력을 갖고 있다. 우리 현실에서 변혁적 평화감수성이 어떤 것이어야 하는지 깊은 성찰이 필요하다.

○ 폭력과 갈등의 상황, 그리고 그로부터 발생하는 평화를 지향하는 성찰은 각 사회의 역사적 사회구조적 맥락에 따라서 다르며 각자 고유하다. 한반도의 지정학적 요소가 사회구조적 모순과 뒤엉킨 구체적 맥락을 잘 살펴, 일반적인 사회관행과 의식 안에 뿌리내린 반평화적 의식과 행동을 평화적으로 변화시키기 위한 총체적 교육과정을 지향해야 할 것이다. 탈분단 평화교육의 한반도의 가장 중요한 평화교육의 하나로 자리잡아야 한다.

○ 탈분단 평화교육의 교육자는 폭력과 분쟁에 관한 상호연관된 여러 분야에 대해서 통합적 소양을 갖출 필요가 있다. 이를 기초로 분쟁과 관련된 개발, 인권, 젠더, 국제관계, 민주주의, 사회변동 등의 측면을 통합한 통합적 프레임을 가지고 평화문제에 접근할 필요가 있다.

그렇다면 분단과 폭력의 구조에 대해 교육적으로 대응하려는 교사와 교육진행자는 어떤 역힐을 담당해야 힐까요? 또한 비판적 페다고지에 기반하여 배움을 실천하려고 할 때, 교육진행자의 역할은 어떻게 준비되어야 할까요?

피스모모는 적극적 평화를 세워가는 교육실천가의 모델을 실천적인 교육을 고민했던 연구자와 활동가들의 지혜로부터 찾아보았습니다. 가르치지 않는 배움의 진행자, 권력을 낮추는 촉진자의 모델은 피억압자의 삶과 언어로부터 세계를 읽어내고, 억압 구조에 함께 맞서는 교육진행자의 역할에 대한 지혜를 파울로 프레이리(Paulo Freire)의 대화적 관계[41], 안토니오 그람시(Antonio Gramsci)의 유기적 지식인(Organic intellectual)[42], 마이클 애플(Micheal Apple)의 공적 지식인(Public intellectual)[43] 그리고 아우구스토 보알(Augusto Boal)의 어렵게 만드는 자(Difficultator)와 뜻밖의 성과를 얻게 하는 조커(Joker)의 역할로부터 찾을 수 있습니다.[44]

---

41) Paulo Freire, (2000) Pedagogy of the oppressed, Continuum International Publishing Group. Inc.

42) Les Tickle, (2001) The organic intellectual educator, Cambridge Journal of Education, pp.159-178; Antonio Gramsci (2005) The intellectuals, Contemporary Sociological Thought: Themes and Theories Canadian Scholar Press Inc. pp.49-58

43) Michael Apple (2013) Can Education Change Society? Routledge. p.22

44) Augusto Boal (2000) Theater of the oppressed. Pluto Press. pp.167-192; Ruth Laurion Bowman (1997) "Joking" with the Classics: Using Boal's Joker System in the Performance Classroom. Theatre Topics, Johns Hopkins University Press, Volume 7, pp.139-151

억압적인 구조를 변혁하며 교육 실천가는 민주적 진행자이면서 모든 참여자에게 기운을 주면서 기운을 운용하는 존재가 되어야 합니다. 또한 스스로에게 과정을 설계하고 연결시키는, 모든 발화를 요약하고 연결시키는 '다리와 실타래(橋絲)'의 역할을 부여할 필요가 있습니다. 교육실천가에게 요청되는 여러가지 역할을 종합적으로 정리하여 탈분단 평화교육 실천과 연결해본다면, 탈분단 평화교육을 수행하는 교육실천가는 분단폭력의 총체성에 주목하고 연구하고 이로부터의 해방을 설계하고 민주적으로 진행하는 역할을 담당해야 한다는 책임이 있습니다. 체제가 생산하는 폭력성을 거부하고 이로부터 해방되는 주체를 형성하는 역할을 소홀히 할 수 없기 때문입니다.

자본주의와 전쟁-군사주의의 관계, 자본주의와 억압의 총체성의 관계, 자본주의와 독점의 관계를 생각할 때, 일상으로부터 체제의 폭력성에 맞서가며 체제를 변화시키려는 교육가의 역할을 비판적 페다고지에서 생략할 수 없다고 생각합니다. 물론 한국의 교육적 상황이 이 문제의식을 빈번히 생략시키기는 하지만요. 이러한 의미에서 평화교육뿐만 아니라 다양한 변화를 추구하는 교육에서 '분단폭력'을 직접적이고 전면적으로 다룰 필요가 있으며, 그러기 위해서는 해당 분야 페다고지의 전면적인 혁신과 교육진행자의 전면적인 혁신이 필요합니다.

억압을 구조화하는 체제의 유지가 아니라 그러한 체제의 변화에 일부가 되고자 하는 교육실천가들은 교육의 과정을 교육의 테크닉으로 축소해서는 안 될 것이기 때문입니다. 파울로 프레이리가 이야기했던 대화적 관계의 실현이 이루어질 때 교육은 억압의 도구가 아니라 해방의 도구가 될 수 있습니다. 그리고 이는 평화교육만이 아니라 모든 형태의 교육, 시민성, 인권, 젠더, 민주, 생태, 역사, 사회 등에 모두 적용되는 이야기입니다.

탈분단 평화교육의 구도

이상과 같은 성찰과 논의를 바탕으로 피스모모는 2017년 다음과 같은 [탈분단 평화 배움의 구도] 교육 가이드라인을 만들었습니다. 탈분단 평화교육이 이러한 체계적 구도에 따라 기획되고 운영되고, 또 그에 맞는 준비를 교육진행자가 체계적으로 하기를 희망해서입니다. 이 구도는 위 6장 분단폭력과 교육의 논지를 모두 함축적으로 담은 것이기도 합니다.

탈분단 평화 배움의 3 영역

주요 배움 목표/성과

인지적 영역	사회-정서적 영역	행동적 영역
• 참가자는 한반도-동북아-한국의 분단체제에 관해 그 현상과 성격을 이해한다. • 참가자는 분단체제의 산물인 다양한 이분법적 사유를 관찰하고 비판한다. • 참가자는 분단의 언어를 관찰, 비판하여 탈분단의 언어를 모색한다. • 참가자는 국제적, 사회적, 사유의 수준에서 탈분단의 가능성을 모색한다.	• 참가자는 생명, 인권, 젠더, 민주, 생태, 공존에 기반을 둔 평화의 가치를 경험하고 공유한다. • 참가자는 분단체제의 폭력성을 자신과 타인의 경험을 통해 공감한다. • 참가자는 차이 존중, 다양성 향유, 공유공존의 지향, 비폭력 지향, 적극적 갈등 조정의 태도를 형성한다.	• 참가자는 분단체제에서의 '사람과 삶'에 대해 면밀하게 성찰한다. • 참가자는 분단체제의 폭력성을 거부한다. • 참가자는 더 평화롭고 정의로운 한반도-동북아를 위해 개인-사회-세계 차원에서 책임을 가지고 실천한다. • 참가자는 이 과정에서 공감하고 연대, 협력하면서, 미래 비전을 형성한다.

배움 참가자의 특성: 가치-태도-역량

인지적 영역	사회-정서적 영역	행동적 영역
· 분단체제와 그 현상, 탈분단의 지향과 사유 및 실천의 내용을 이해함 · 한국 사회의 다양한 억압-폭력 현상을 분단체제와 연관시켜 이해하는 능력 · 그 사유구조와 언어적 특성을 이해하는 능력 · 폭력과 갈등에 관한 비판적 사고와 분석력 · 평화적 선택에 관한 글로컬 인식과 의미화	· 평화적 가치, 구성적 관계에 기초해 사회적 관계를 변화시킴 · 평화적 감수성과 상호적 구성적 관계 감수성 · 군사주의에 대한 성찰과 대안적 가치의 형성 · 생명, 인권, 젠더, 민주, 생태, 공존의 가치 · 차이 존중, 다양성 향유, 공유공존의 지향, 비폭력 지향, 적극적 갈등 조정의 태도	· 평화의 윤리에 따라 분단체제를 변화시키려고 함 · 폭력과 억압, 군사주의를 극복하려는 실천의 의지와 행동 · 가치, 언어, 관계에서의 탈분단 실천 · 탈분단 사유와 담론, 대화의 생산 · 탈분단 비전의 실현을 위한 연대적 실천의 구상, 제안, 협상, 기획, 추진 능력

10가지 주요 배움 주제

1. 분단체제의 이해: 억압과 폭력성을 중심으로
2. 분단체제와 이분법적 사유의 관계
3. 분단의 언어, 탈분단의 언어
4. 통일론과 대북적대론의 주요 논지
5. 탈분단의 지향: 국제-사회-사유의 수준에서
6. 분단/탈분단과 젠더: 군사주의 비판
7. 평화지향 사회적 관계성: 차이와 다양성 존중, 공유공존-비폭력 지향, 갈등 조정, 변화를 위한 실천
8. 인권-평화-민주-생태 감수성과 실천역량
9. 탈분단을 위한 탈현실주의 상상과 이론
10. 지역-나라-동북아-세계의 탈분단 평화적 변화와 나의 실천 구상하기

[출처: 피스모모, <탈분단 평화교육 가이드라인>, 2017]

탈분단 평화교육 진행자의 준비

피스모모는 탈분단 평화교육을 수행하려는 교육 진행자들이 준비하면 좋을 12가지 연수 주제와 관련 영역을 다음과 같이 정리해보았습니다.

연수 3 영역

주요 성취 목표

인지적 영역	가치-감수성 영역	교육진행의 영역
• 폭력, 갈등, 평화에 대한 지식을 체계적으로 갖춘다. • 평화적 공존의 장애로서 차별-권력-폭력의 연속성을 이해하고 설명할 수 있다. • 폭력과 갈등에 관한 비판적 사고와 분석력을 갖는다. • 서택과 행동의 글로컬한 중요성을 이해하고 설명할 수 있다.	• 생명, 인권, 젠더, 민주, 생태, 공존에 기반을 둔 평화의 가치와 감수성을 경험하고 공유한다. • 차이 존중, 다양성 향유, 공유공존의 지향, 비폭력 지향, 적극적 갈등 조정, 사회변혁 지향의 태도를 갖는다. • 배움의 장에서의 다양한 기운에 대한 감수성을 갖는다.	• 생명, 인권, 젠더, 민주, 생태, 공존의 윤리에 따라 더 평화롭고 정의로운 세상을 만들기 위해 평화교육에 투여한다. • 배움의 매 과정에서 서로 배움, 공감, 협력, 배움 공동체, 연대성, 미래 비전이 형성되도록 한다. • P.E.A.C.E. 페다고지를 종합적으로 사용하여 교육 진행을 한다. • 비판적 창의적 실천적 사유 훈련을 배움에 녹여 진행한다.

교육 진행자의 주요 특성/역량

인지적 영역	가치-감수성 영역	교육진행의 영역
• 폭력, 갈등, 평화에 관한 지식, 정보능력, 비판적 문해력을 갖추고, 이를 교육화할 수 있는 사람 • 폭력, 갈등, 평화에 대한 체계적 지식과 설명력 • 차이-권력-폭력의 연속성에 대한 인해와 설명력 • 폭력과 갈등에 관한 비판적 사고와 분석에 관한 이해와 교육 능력 • 개인의 평화적 선택과 사회 변혁에 관한 글로컬 의미화	• 평화적 가치를 담은 개인적 사회적 관계의 형성을 촉진하는 사람 • 평화의 감수성과 개인적 선택 • 생명, 인권, 젠더, 민주, 생태, 공존의 가치 • 차이 존중, 다양성 향유, 공유공존의 지향, 비폭력 지향, 적극적 갈등 조정의 태도 • 집단적 체험과 성찰이 사회적 관계성 형성에 미치는 핵심적 역할을 교육화	• 평화의 윤리에 따라 평화롭고 정의로운 사회로의 변혁을 교육적으로 촉진하는 사람 • 생명, 인권, 젠더, 민주, 생태, 공존의 윤리가 더 구현되는 방향의 실천 의지 • 공감, 협력, 연대, 글로컬 연계, 미래 비전 형성을 수반하는 연대적 실천의 구상, 제안, 협상, 기획, 추진 능력 • 체험, 비판, 성찰, 실천의 연계성

12가지 연수 주제

1. 평화-폭력론: 차별, 불평등, 폭력의 발생과 정당화 2. 갈등론: 갈등의 유형, 구조, 과정 3. 비판이론: 비판적 사유와 비판적 문해 4. 변혁론: 더 나은 미래 사회의 구상과 개인-구조 변혁의 동학 5. P.E.A.C.E. 페다고지론	6. 평화적 감수성 7. 생명, 인권, 젠더, 민주, 지속가능성, 공존의 가치 8. 평화적 민주적 소통 9. 갈등전환 조정/개입 역량 10. 평화적, 서로 배움의 공동체 형성: 차이 존중, 다양성, 공유공존, 시공간의 변혁, 비폭력, 갈등 조정	11. 일상에서 평화의 가치/윤리로 판단하고 선택하기 12. 생명, 인권, 젠더, 민주, 생태, 공존 윤리와 사회 현실과의 연계 13. P.E.A.C.E. 페다고지의 적용 14. 연대적 협력적 실천 촉진 15. 지역-나라-동북아-세계의 평화적 변화 전망 촉진

1. 교육 기획하기[45]

서로배움의 장을 만들기 위해 아래 내용을 염두에 두고 교육을 기획하시기를 권장합니다.

- 주제: 어떤 내용을 중심으로 진행하고자 하는가? (예: 교육을 요청한 기관, 단체에서 특별히 원하는 주제가 있는지)

- 참여자: 어떤 참여자들로 배움공동체가 구성되는가? (예: 초/중/고등학생, 대학생, 청년, 교사, 교육공무원, 시민단체 활동가, 마을활동가 등)

- 일정: 참가자들의 에너지곡선을 고려하여 배움의 흐름을 구성할 수 있는 충분한 시간인가? (예: 시간에 쫓기지 않으면서 깊고 느린 배움을 경험할 여유가 있는지)

- 장소: 활동이 편안하게 진행될 수 있는 따뜻하고 다정한 공간인가? (예: 책상과 의자가 고정된 강의실에서는 몸활동을 진행하기 어려운)

- 기대치: 참여자들이 진행자에게 기대하는 것은 무엇이며 나는 무엇을 기대하고 있는가? (예: 교육에 있어 진행자 개인의 모드세팅이 필요함)

---

45) 이하 나-마 항의 내용은 동일한 철학과 원리에 입각해 있어서, 이대훈, [모두가 모두로부터 배우는 P.E.A.C.E. 페다고지 평화교육], 피스모모, 2016에서 인용.

- 맥락적 요소: 사전에 파악해두어야 할 배움공동체의 역사 또는 사건이 있는가? (예: 구성원들 사이에 갈등이 있는 채로 참여했다가 갈등의 골이 더 깊어지는 사례)
- 기타: 특별한 배려가 필요한 참여자가 있는가? (예: 왕따를 당하는 학생이 왕따 역할을 맡게 되어 더 상처받게 되는 사례)

2. 평화배움 구성하기

◦ Part 1. 안전한 배움의 공간 만들기

- 환영/환대: 교육공간에 들어오는 배움공동체의 구성원들을 성심껏 온몸으로 환영하기
- 기억하기: 구성원 한 사람, 한 사람의 이름과 특징을 기억하고 부르기
- 모드세팅: 창조적이고 안전한 서로배움의 공간을 만들기 위한 공동의 합의 거치기
- 여는활동: 몸활동을 통해 참가자들의 낯설음과 어색함을 털어내고 몸과 모임공간을 데우기

◦ Part 2. 본활동 - 주제 도입, 심화

- 주제도입활동: 주제에 대해 가볍게 느끼고 생각해 볼 수 있는 활동 배치하기
- 느낌체크: 활동 후에 간략한 느낌체크 잊지 않기

- 주제심화활동(본활동): 주제에 대한 다양한 생각들이 촉발될 수 있는 활동 배치하기
- 느낌체크와 성찰나눔: 활동 후의 느낌으로부터 생각을 나누는 토론으로 발전시켜나가기
- 주제강의: 필요할 경우, 핵심적인 내용을 요약하여 전달하기

○ Part 3. 마무리 활동

- 돌아보기: 한 세션동안 진행된 활동과 주제들을 진행자가 키워드로 요약하기
- 종합성찰: 세션 전체를 돌아보면서 생각을 종합적으로 나누어주시도록 요청하기
- 고마움 전하기: 참여자들의 나눔과 참여에 진심으로 고마움 전하기
- 닫기: 세션을 마무리하면서 마무리의 리츄얼 가지기

> *** 활동구성 참고**
>
> (1) 피스모모의 DOERS 모델
> Do(활동) - Observe(관찰) - Exchange(대화) - Reflection(성찰) - Synthesis(종합성찰)
>
> (2) 필리핀 연극교육협회 ADIDAS 교육과정
> Activity (활동) - Discussion (토론) - Input (강의) - Discussion (토론) - Activity (활동) - Synthesis (종합성찰)

3. 평화배움 진행하기

폭력은 친숙한 얼굴로 일상에 스며들어 있기 때문에 평화 배움은 프로그램 형식을 갖추지 않더라도 일상의 어떤 순간, 어떤 계기에도 진행될 수 있습니다. 따라서 우리 모두가 매 순간의 평화 배움 진행자가 될 수 있습니다. 그런 진행자가 되기 원하신다면 다음과 같은 요건을 갖추고 소통을 촉진하셨을 때 아주 좋은 배움을 이끌어낼 수 있습니다.

> **참고: 서로 배움의 유용한 지혜**
> 겸손함, 공감능력, 이야기를 기억하고 연결 짓기, 환영하고 축하해주기, 부족함을 인정하는 여유, 즐거움, 항상 옆에 있는 존재감, 많은 궁금증, 유연함, 골고루 매사에 반응함, 시선과 표정과 몸짓을 통한 소통...

평화 배움의 과정에서 학습자들의 차이와 다양성에 기반한 토론과 나눔, 몸 활동을 바탕으로 평화에 대한 성찰이 일어나게 되었을 때, 아래와 같은 과정이 포함되면 더 깊은 '서로 배움'을 만들어갈 수 있습니다

- 온몸 소통을 한다. (온몸, 온마음, 온정신, 온감각...)
- 몸을 움직이는 것으로부터 시작한다.
- 다양한 색깔과 시청각 소재를 많이 사용한다.
- 문자만이 아닌 다양한 소통의 도구들을 사용한다.

- 관심과 소통이 진행자에게만 집중되지 않도록 거미줄처럼 엮어간다.
- 참가자들의 에너지 분포가 급작스럽게 꺾이지 않도록 한다.
- 참가자들의 다양성에 따른 소그룹을 만들어 운영한다.
- 키워드를 큰 글씨로 쓰는 활동
- 토론 정리 등 발표 내용을 큰 종이에 큰 글씨로 써서 하기
- 참가자 소개를 그림과 글로 표현하기
- 마인드맵, 개념맵 등 지도 그리기
- 몸으로 표현하기: 마임, 타블로, 표정, 동작, 서기-앉기...
- 다양한 토론법 활용하기
- 벽 활용하기, 게시물, 상징물...

4. 촉진자로서의 평화배움진행자

평화 배움 진행자가 참가자의 좋은 소통을 촉진하기 위해서는 다음이 중요합니다.

- 진행자의 긴장, 참가자의 긴장을 드러내기
- 프로그램 초반에 어떻게 소통할 것인지에 대한 공감과 합의 만들어내기
- 모두의 창의성을 위한 창조적 공간 열어두기
- 대안과 혁신 찾기(예: 다르게 하는 방법은? 다른 생각

은? 다른 동작은?)
- 끊이지 않는 이야기와 이야기, 수다에 이어지는 수다 환영하기
- 틀림과 다름의 구분, 다름과 실수 인정하기
- 몸의 다양한 부분과 움직임들을 통해 이야기 표현하기 (예: 표정, 눈빛, 목소리의 높낮이, 침묵, 뜀박질, 달음박질, 정지, 촉감 등...)
- '지금-여기' 확인하기(예: 지금 우리의 이야기/활동이 어떤 것인지 느껴지시지요?)
- 통제에 대한 욕구로부터 해방되기
- 올바른 것/정석(定石)/열심히/잘해야 함으로부터 해방되기
- 불확실해도, 불분명해도 괜찮아
- 불일치, 소수의견, 무관심, 불편함이 존재함을 인정하고 환영하기

또 평화 배움 진행자는 키워드 요약과 연계를 함으로서 배움 촉진 효과를 높일 수 있습니다. 일상에서 어떤 순간, 어떤 계기에도 평화 배움이 진행될 수 있도록 하려면 다음과 같은 점들을 염두에 두면 좋습니다.

- 요약의 요약! (거의) 모든 생각은 몇 개의 키워드로 요약될 수 있다.

- 키워드 하나는 당연하지만 모이면 자극적이다. 상상과 궁금증, 연관성 등을 자극한다.
- 키워드는 생각의 발단, 생각의 압축, 압축적 소통, 기억의 발판, 소통의 계기, 요약의 가능성, 사유의 촉진!
- 키워드의 단순성과 고정성: 혼란의 시작, 흔들기의 시작, 갈래치기의 시작, 연관성의 시작
- 키워드는 가시화시키기 좋고 이를 통해 토론의 파악과 진행을 돕는다.
- 진행자의 역할은 키워드 작업에 상당히 의존하다.
- 주제에 따른 키워드 목록이 준비될수록 좋은 진행, 토론의 예상이 가능하다.
- 키워드는 종류에 따라 배열, 배치될 때 더 깊은 의미를 만들어낸다.
- 키워드의 수가 늘어나는 것은 소통의 언어가 풍성해지는 것이다.

또한 일상에서의 평화 배움은 좋은 질문을 통해서 진행됩니다. 좋은 배움 진행자는 곧 좋은 질문자라고도 할 수 있습니다. 이를 위해서는 각 모임에서 예상되는 내용에 관한 질문들을 미리 준비하면 좋습니다. 질문을 던져서 소통을 촉진할 경우, 주요 질문 사전 준비, 질문 반응 예상, 모든 반응에 대한 인정하기 등이 우선 중요합니다. 간단한 질문법은 이렇게 요약할 수 있습니다.

1) 기본 질문: 관찰(느낌), 2차 관찰(키워드), 연관, 낯설게 하기, 판단, 쟁점

- 이 사진/글/얘기를 보니/들으니 어떤 느낌이 드나요?
- 더 나아가 어떤 것이 보이나요? 생각이 나나요? 연상이 되나요?
- (반응의 키워드를 중심으로) 어떤 의미이지요?
- 다른 의미를 생각하신 분은? 이렇게 말할 때 불편한 사람이 생길까요?
- 과연 _____라고 하는 것이 괜찮나요? 맞나요?
- 우리는 이렇게 한 적이 있지요/왜 이렇게 할까요?
- ___러한 점과 ___러한 점을 함께 생각하면 어떻게 해야 하나요?
- 사진/글/얘기를 바꾼다면 어떻게 하는 것이 더 좋지요? 왜 그렇지요?
- 이렇게 서로 다른 다양한 인상과 생각이 있는데 어때요?

2) 비판적 미디어 독해 질문: 어떤 사회적 이슈를 매체를 통해서 보거나 들을 때

* 전제: 사람들의 모든 코멘트에는 미디어가 직적, 간접으로 연관되어 있다. 미디어는 곧 메시지이다. 코멘트에도 명시적+하위 메시지가 있다.

- 이 사진/사건/글의 주 메시지는 무엇이지요?
- 누가 왜 어떻게 만들었지요?
- 누구를 대상으로 어떤 것을 얻으려고 만들었지요? 누가 주로 보지요?
- 어떻게 우리의 관심을 끌려고, 설득하려고 한 것이지요?
- 어떤 관점, 가치가 보이나요?
- 그렇다면 숨겨진 메시지들은 어떤 것이 있지요? 어떤 암시가 있나요?

여기에서 더 나아가 낯설게 하기를 위한 질문은 이렇게 진행될 수 있습니다.

3) 낯설게하기를 위한 질문
- 낯섦의 순간, 불편한 순간, 머뭇거린 순간을 포착
- 이를 많은 다른 키워드나 이미지로 표현하도록 함
- 그 순간의 감정과 생각을 폭풍처럼 표현하도록 권장함
- 왜 그런 감정과 생각, 이미지가 떠올랐는지 느끼고 생각하도록 질문
- 사람들이 보통 익숙한 점과 어긋나는 점을 찾아, 설명을 요청
- 학습자들 사이의 감정, 생각, 표현의 차이를 부각하여 성찰을 요청

- 토론 진행과정에서 변화/불일치가 생긴 점을 포착하여 성찰을 요청
- 주요 관점 (정체성, 젠더 등)과 어떤 연관성이 있는지 열린 질문을 제기

7. 탈분단 평화교육의 사례

2017년 상반기부터 피스모모에서는 위 [탈분단 평화 배움의 구도]에 따라 기본 교육구성안을 만들고 이에 따라 탈분단 평화교육을 실행하기 시작했습니다. 그리고 그 실행의 경험들을 바탕으로 참고자료가 될만한 구성안을 간략하게 소개합니다. 바라는 것이 있다면 이 구성안이 참고가 되어 지속적으로 새로운 탈분단 평화교육의 시도들이 이어졌으면 하는 것입니다.

사례 1 탈분단 평화교육의 구성과 진행

1. 열기와 배움공동체 형성

2. 분단체제의 이해

: 억압과 폭력성을 중심으로 분단체제와 이분법적 사유의 관계를 성찰하고 일상에서 분단의 언어, 탈분단의 언어를 찾아내 본다.

가. 분단체제의 관찰

- 군사, 안보, 적대, 동맹, 민족과 관련하여 한국에서 특히 유별나게 드러나는 현상의 사진들을 준비한다: 예) 아동군사훈련, 학부모군사훈련, 군대식 언행과 절차의식, 이분법적 적대, 미국 숭배, 태극기-성조(미국)기 현상, 단결상황에서의 젠더 역할, 서열과 위계 행위, 일상의 위계질서형 폭력, 학교의 군사주의 잔재, 일사분란함의 미적 심리적 상황 등

- 단계별 브레인스토밍을 통해, 관찰-패턴 찾기-범주화-일차 원인-구조적 영향을 찾아보면서, 민족-안보-군사 담론에 관한 종합성찰로 나아간다.

나. 평창올림픽에 대한 사회적 대화

1) 소개와 인사, 기대치 간단하게 나눔: 번개토론과 피라미드토론
2) 민주적 평화적 소통 연습: 소통을 연습할 수 있는 다양한 활동 배치
3) 변화를 위한 소통: 짧은 강의
4) 워밍업 대화: 쟁점에 관한 스펙트럼 토론

 - 7-9명으로 구성된 모둠을 2개 또는 4개 짝수로 구성한다.
 - 7-9개의 의자를 두 줄로 나란히, 두 줄의 각 의자가 서로 마주보도록 배치한다. 각 줄은 0-100점의 순서가

반대방향으로 놓여져 있게 한다.

- 평창 올림픽에 대한 나의 평가는? 질문을 던진다.

- 질문에 대해 각자 마음속으로 0-100까지 정하도록 한다.

- 모둠 별로 해당 의자-줄로 가서, 서로 자신의 점수를 공개하여 순서대로 앉는다.

- '당신과 나는 어떤 이유로 평가점수가 다른가?'로 질문을 주고 2명씩 옆 사람과 번개토론을 한다. 다음으로 맞은편 앞사람과 같은 번개토론을 한다.

- 세 차례 번개토론 후에, 각자 자유롭게, 원한다면 자신의 평가점수를 다시 설정하도록 권한다. 그에 따라 다시 순서대로 자리를 찾아 앉는다. 번개토론을 2회 더 진행한다.

- 각자 포스트잇에 자신의 최종 평가점수와 핵심 논지 3가지를 적어서, 그래프처럼 벽에 붙이고, 모두 함께 살펴보는 시간을 갖는다.

5) 쟁점이 되는 주제들을 여러 가지 제시하고 월드카페를 진행한다.

ex. 남북한 단일팀 구성, 북한 응원단과 예술단, 평창 올림픽과 남북 교류/ 현안에 대한 한국 사회의 반응, 평창올림픽과 남북 교류/ 현안에 대해 국가 수준에서 진행된 논의 (예. 김영남, 김여정 방남 등)

- 기록자가 토론 기록을 남기고 공유한다.

- 마지막에 각자 종이에 "평창은 남북관계에 무엇을 남

졌나"를 5가지씩 적고, 벽에 비슷한 것을 모아 붙인다.
- 이를 통해 남북관계에 대한 다양한 관점과 해석을 이해하도록 한다.

3. 통일론과 대북 적대론의 주요 논지, 탈분단의 지향
: 국제-사회-사유 의 수준에서

가. 주제 강의와 토론
나. 적대 담론 관찰과 성찰

1) 대북 적대 담론과 다양한 혐오 담론의 표현이 한 줄씩 적힌 카드를 다수 준비한다. 카드 뒷장에는 적대/혐오의 대상이 적혀있도록 한다.

2) 적대감이 비슷하게 표현된 카드를 3-4장씩 모은다.

3) 모아진 카드 범주별로 모둠을 구성하고 대상이 다름에도 불구하고 적대/혐오 표현이 비슷한지 그 원리와 패턴에 대해 관찰하고 성찰한다. 모둠별로 발표한다.

ex. 변덕이 심해 신뢰가 안 간다(북한)/일을 잘해도 노랭이들 말은 믿으면 안된다(과거 도미 중국 이주노동자)/이재에 밝아서 속임수를 잘 쓴다(구 독일, 유대인)/호시탐탐 침략을 노리고 있다(북한)/무슬림을 받으면 우리 여성들이 위험해진다(이슬람 이주노동자) 등, 누군가를 괴물 또는 벌레로 묘사하는 혐오표현들 포함.

다. 분단의 이분법 해체 활동

- 스펙트럼 토론을 아래와 같은 주제로 진행하고 종합성찰한다.

  ex. 한반도-동북아 평화를 위해 북한은 반드시 북한의 핵무기를 폐기해야 한다/군사적 위협으로 압박해서 북한이 협상 테이블로 나왔다/동북아의 가장 중대한 위협은 북한의 핵무장이다/북한 체제와 한국 체제는 한 나라로 존재하기 불가능하다.

라. 분단의 언어와 사유의 수준

1) 모둠별로 분단체제의 담론을 상징하는 문장을 하나씩 준다.

2) 주어진 문장을 해독하는 렌즈를 화면에서 하나씩 올리면서, '이 문법으로 문장을 해석하면?'과 같은 질문으로 토론하도록 한다.

   a. 그 나라에 무언가 문제가 있기 때문에

   b. 남북한 상대방 때문에 (북한: 남한 때문에, 남한: 북한 때문에),

   c. 국제적인 _____ 요인 때문에,

   d. 다 합쳐서 보자면

   ex. 북한은 가난하다/북한은 김일성 집안 세습독재다/북한은 매번 입장을 바꾸기 때문에 믿을 수 없다/북한은 위협적인 군사력을 가졌다/북한은 남침, 적화하려고 한다/중국은 북한의 혈맹이다/남한은 잘 산다/남한은 민주적이고 평등한 나라다/남한은 침략적이지 않고 평화적인 국가다/남한의 군사력은 방어 목적이다/남한은 북한을 정복, 흡수하려는 의도가 없다/미국은 남한의 혈맹이다/남북관계는 승패게임이다....

* 참고: 분석은 단계적으로 진행한다. (개인의 수준 → 사회-국가의 수준 → 국가간 관계의 수준)

4. 분단/탈분단과 젠더: 군사주의 비판

- 수행성(performativity)' 개념: 성차가 젠더를 전제하는 것이 아니라 젠더로 성차가 구성되며 젠더는 사회문화적으로 수행된다는 퀴어이론가 버틀러(Judith Butler)의 이론
- 원본 없는 복제의 행위성(agency): 언어 바깥의 주체는 없고, 규범 없이는 구성도 없음.
- 식민지 남성성(colonalized masculinity): 근대성을 상징했던 제국주의 남성성을 욕망하는 남성성
- 분단과 수행성: 분단은 어떻게 수행되고 있는가?
- 분단과 군사화: 분단은 사회의 군사화에 어떻게 기여했는가.
- 군사화와 젠더: 군사화와 남성성/여성성
- 분단과 식민성: 구조적 폭력으로서의 분단과 식민성
- 분단과 젠더의 수행성: 분단과 식민지 남성성과 여성

성의 수행
- 탈분단과 탈식민 수행성: 분단과 식민성의 비(非)수행 또는 미(未)수행
- 탈분단과 탈군사화: 분단을 비(非)수행 과정을 통한 적극적 평화세우기의 실천으로서의 탈군사화

사례 2 2018년 사회적 대화 프로그램
(주최:통일부, 주관: 피스모모)

1. 사업취지
- 평창 올림픽에 관해 청년들이 자신의 생각과 반응을 말하고 서로 듣는다.
- 남북관계에 관한 청년들의 성찰적 대화의 장을 연다.
- 민감한 주제에 대해 민주적 토론, 평화감수성에 기반한 소통을 통한 사회적 대화를 모색한다.
- 합의나 결론을 추구하지 않고, 다양성 존중, 경청, 질문, 이해, 연결, 종합의 대화를 추구한다.
- 향후 이러한 사회적 대화의 방향에 관한 주요 시사점을 얻는다.

2. 사업개요
- 일시: 2018. 2. 27.(화), 오전 10시 30분 ~ 오후 5시 30분

- 장소: 서울시내 청년 친화적 공간/대강당 1개, 세미나실 2개
- 참가자: 20~35세의 청년 40명

3. 참가자 구성 기준
평창올림픽과 직간접적으로 연결되어 있는 다양한 청년 목소리가 모일 수 있도록 참가자 구성 종교, 젠더, 연령대 등 정체성의 다양성 균형 노력.

4. 운영방식
1) 다양한 토론 기법을 활용한 참여형 워크숍으로 운영
2) 일대일토론, 4명/6명/10명 모둠토론, 전체토론 등 주제와 흐름에 맞춰 대화가 상승될 수 있는 다양한 토론 모둠의 형태와 사이즈 구성
3) 활동의 내용에 따라 2개 그룹 분반과 합반을 오가는 형태로 운영할 수 있도록 장소 확보

활용하게 될 토론방식 예시

- 1:1토론: 두 명씩 짝이 되어 1~2분동안 서로의 생각 나눔. 주로 프로그램 초반에 배치.

- 번개토론/브레인스토밍: 5-6명이 서로 돌아가며 짧은 시간동안 각자의 생각을 키워드 중심으로 나누기. 모든 의견을 긍정하면서 최대한 많은 아이디어를 모으는 것이 핵심. 주로 심화 토론으로 이어지기 전에 배치.

- 피라미드 토론: 2→4→8명으로 토론 모둠의 사이즈를 점점 늘려가면서 대화를 상승시키고, 토론의 내용을 심화.
- 스펙트럼 토론: 공간을 가로지르는 직선을 긋고, 양끝을 찬성과 반대로 각각 설정. 토론 질문에 대한 찬반 의견 정도에 따라 직선 위에서 각자를 위치시키고 이유를 나눔. 그 과정에서 찬성-반대 사이의 다양한 의견의 스펙트럼이 드러남.
- 월드카페: 테이블에 둘러앉아 이루어지는 친밀한 카페식 대화. 5~7명 단위로 팀을 구성하여 테이블별로 설정된 주제에 따라 대화를 하고 일정 시간이 지나면 다른 테이블로 이동. 테이블별로 배치된 카페지기는 대화의 촉진과 정리를 도움.

4) 토론 종료 후 각 테이블별로 나온 이야기들을 전체와 공유

5. 세부 프로그램(안)

세션 1) 안전한 대화의 공동체 만들기 (2개 분반)

- 참가자 등록
- 환영하기, 프로그램 안내, 오늘 워크숍의 모드셋팅
- 안전한 대화의 공동체 만들기 활동 1, 2 몸활동
- 참가자들의 기대치 체크와 공유
  - 내가 여기 온 이유, 가져가고 싶은 것

- 내가 오늘 프로그램에서 기여할 수 있는 것
- 평창올림픽을 생각했을 때 떠오르는 것, 나누고 싶은 이야기(번개토론 & 피라미드토론)

세션 2) 평화감수성에 기반한 민주적, 성찰적, 관계적 대화 워크숍(합반)

· 공감적 소통을 위한 활동 1, 2
    - 몸과 마음열기를 위한 소통, 비언어적 소통에 민감해지기
    - 힘을 주는 소통의 원리 경험하기
    - 다양한 의견의 스펙트럼 인지하기
    - 활동과 성찰
· 모임-관계-일상을 변화시키는 소통 역량 강의와 토론

세션 3) 포스트 평창, 2030 열린 대화 (2개 분반)

· 다양한 의견의 스펙트럼 드러내기 (ex. 평창올림픽 여자 아이스하키 단일팀 이슈) → 스펙트럼토론 & 중심찾기 활동

· 2030 열린 대화, PART I
 1) 2018년 평창에서 일어난 일 되짚어보기: 가급적 많고 다양한 사실들과 사람들의 반응들, 자기 의견 개진을 하지 않음
 2) 2018년 평창올림픽을 보면서 가장 좋은 기억과 인상을 남긴 것은?

3) 2018년 평창올림픽을 보면서 가장 아쉬운 또는 부족한 일로 생각되는 것은? 그 개선 방안은?

· 2030 열린 대화, PART II

4) 지난 대화를 종합하여, "평창은 무엇을 남겼나?"를 5가지 적고 모으기
5) 오늘 대화에 관한 종합성찰

세션 4) 전체 이야기 나눔 & 닫음과 헤어짐

· 각 분반/ 그룹의 이야기, 키워드들 공유: 토론지 전시 & 이야기 나눔
· 대화를 마치며: 오늘의 대화에 대한 의미부여, 축하, 감사

사례 3 피스모모의 9주제 탈분단 평화교육 모델

1. 분단 읽어내기	· 분단체제 속의 나, 우리, 여기, 사건 → 경험-체세의 해석과 이해: 대화와 언어생산 → 우리-나의 정체성을 유동적, 다원적, 가변적으로
2. 분단체제의 폭력	· 물리적 폭력과 문화적 폭력 · 구조의 폭력: 무장, 군비증강, 경쟁적 군사화 등
3. 탈/분단의 장치	· 체화된 상징 행위, 권력, 정체성 · 재구성: 흔적, 모방, 패러디, 전복, 비틀기, 낯설게, 왜? 어떻게?

4. 여러 개의 분단	· 분단체제의 중심 주체 해체, 다변화 · 기제: 역사해석, 교육, 기념시설, 미디어, 담론
5. 분단의 마음풍경 읽어내기	· 적대감-혐오의 관찰과 대안, 그 젠더 성격 · 우리세계는 북한을 어떻게 말하고 소비하는가? · 젠더질서-체제의 변화 연관시켜 구상하기
6. 안보화/군사화된 현실과 인식	· 한반도-동북아 분단의 속살 드러내기: 비대칭, 군사화, 위기 · 안보주의와 체제, 젠더, 일상, 폭력성 · 탈안보화/탈군사화된 체제와 문화에 대한 상상과 구상 · 평화체제와 평화구축 peacebuilding 과정의 이해와 구상 · 새로운 탈/안보 주체들의 형성
7. 내전 변화로부터 국제적 변화까지	· 한반도문제의 한반도화와 국제화 병행 구상 · 군사문제와 비군사문제 병행: 사회적 경제적 문화적 일상적 차원(예: 개발과 평화구축, 민주-평화 노선, 발전의 권리, 인권기초 발전, 지역사회의 발전과 평화구축, 평화의 권리, 생태평화, 다자간 평화구축, 청년-여성 주체, 공공외교...) · 아래로부터의 민주주의의 힘! 대화와 토론의 힘! 초국적 공론의 장 · 정부-민간 병행: 멀티트랙, 초국경적 사회적 대약성에 대한 성찰과 대안

부록: 탈분단 평화교육과 P.E.A.C.E. 페다고지

이 책에서 서술한 탈분단 평화교육은 전통적 교육론과 다른 접근을 전제로 합니다. 파울로 프레이리의 실천과 철학을 기억하면서, 가르치는 행위의 협소함을 넘어서서 어떻게 배움이 일어나고 촉진되는가에 초점을 맞추는 개념으로 페다고지(배움의 원리와 과정)를 사용한다면, 탈분단 평화교육은 새로운 페다고지를 요구합니다. 피스모모는, 미시와 거시 권력의 연관성 및 체제와 문화를 전면적으로 다루는 변화지향적인 평화교육에는 반드시 페다고지 혁신이 있어야 한다고 생각하여 P.E.A.C.E.라는 새로운 페다고지를 개발하여 교육에 적용하고 있습니다. 이는 [모두가 모두로부터 배우는 P.E.A.C.E. 페다고지 평화교육](피스모모, 2016)에서 풀어 설명하고 있습니다.

탈분단 평화교육 역시, 일상과 국가의 권력 작용 및 체제와 문화를 전면적으로 다루는 변화지향적 평화교육의 일환이기 때문에 이러한 혁신적 페다고지를 사용해야 잘 적용될 것입니다. 여기에서는 위 책자에 입각하여 그 핵심 내용을 요약합니다.

P.E.A.C.E. 페다고지

모모가 자체 연구 개발한 P.E.A.C.E. 페다고지는 평화 배움에 핵심적인 다섯가지 영역으로 구성되어 있습니다. 여기서 P는 참여적 participatory, E는 대화-상호작용 exchange, A는 문화예술적 artistic-cultural, C는 비판-창조적 creative-critical, E는 낯설게하기-거리두기 estranging의 페다고지를 의미합니다.

P.E.A.C.E. 페다고지를 통한 평화 배움이 추구하는 변화를 함축적으로 제시하면 이렇습니다.

- 참여적이면서 상호작용과 대화가 많은 배움과정을 통해서 학습자들의 경험과 관찰, 느낌, 감각, 스토리 등이 표현되며, 재미가 부여된다.
- 이를 예술적이고 문화적인 과정 또는 매체를 통해서 서로 연계시키고 의문을 제기하도록 함으로서 사유와 감수성을 심화시킨다.
- 연계된 인식, 의문, 사유, 떠오르는 감수성을 몸짓으로, 현실의 재현으로, 새로운 구상으로, 현실의 변형으로 표현되도록 한다.
- 이 과정은 나를 타자와 겹쳐서, 타자를 나와 겹쳐서, 나와 우리, 타자와 타자화를 겹쳐서 학습자에게 놀라움이 나타나는 과정이 될 수 있다.
- 이 과정에서 자신과 공동체에 내재된 힘과 능력, 특히 자존감, 평화적 감수성, 평화적 소통능력, 창의력, 성찰력을 획득하여 심층적 변화를 가능하게 하는 것이다.

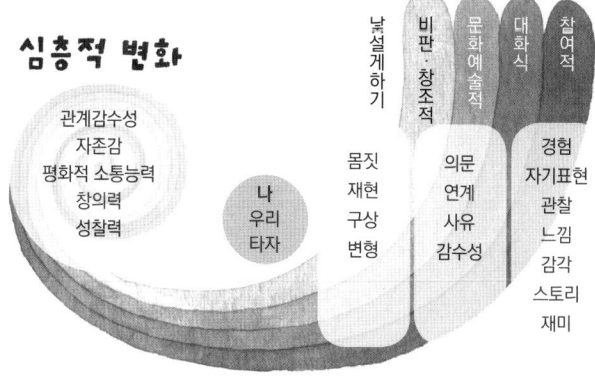

1. 참여적 페다고지 (Participatory Pedagogy)

P.E.A.C.E.페다고지에서 참여적 페다고지는 가르치지 않고 함께 배우는 방식을 찾는 방향성으로 이해될 수 있습니다. 다시 말해, 가르치는 사람이 아무도 없어도, 학습공동체의 구성원들이 저마다 갖고 있는 경험, 생각, 느낌, 성찰을 발견하고 주고받는 과정을 통해, 어마어마한 배움의 순간이 만들어질 수 있다는 것입니다.

학습자에게 결정권이 부여되는 교육, 학습자가 적극적으로 참여하는 교육, 말하기와 듣기, 만지고 느껴보고 공감하기를 통해 스스로 자기 안의 힘을 발견하도록 촉진하는 것이 모모가 지향하는 참여적 평화배움입니다. 참여적 평화배움에서 학습공동체의 구성원은 모두 배움의 과정에 주체로서 기여하며, 그 과정에서 학습자는 스스로에게 잠재된 힘을 발견하고, 그 힘을 내어가는 자력화(empowering)의 과정을 경험하게 됩니다.

참여적 페다고지에서 교사/ 진행자는 더 이상 단순히 '가르치는 사람'이 아니며, 참가자들이 어떻게 자신의 삶과 경험과 지식을 배움의 공간에 가지고 들어오게 할지, 이에 대한 프로세스를 기획하고, 그 배움을 촉진하는 촉진자로서 역할하게 됩니다. 좋은 배움의 진행자는 자신의 권력을 최대한 낮추고, 참가자의 경험과 지식과 감수성을 의미화하고, 이것이 서로 배움으로 상승하는 프로세스를 기획하고, 학습자들의 창조와 소통을 촉진하고, '아하'의 계기가 만들어지는 역할을 해야 합니다.

좋은 배움이 진행되면 참가자들의 온몸 소통, 즉 마음과 이성과 감각과 몸이 섞인 소통이 늘어나며, 여러 순간 '아하'하는 계기가 생겨납니다. 그리고 각자의 '아하'와 타인의 '아하'가 연결되면서 더 깊은 지식과 감성이 형성됩니다. 참여적 배움에서는 하나의 정답만 있는 답답한 상태 보다는, '여러 목소리' '여러 감정', '여러 상상'이 있는 역동적인 상태가 더 큰 배움이 됩니다.

참여적 배움에서 학습자는 구경꾼이 아니라, '지금 여기'의 역동적 현재에 끊임없이 개입하고 변화를 만들어가는 창조자로 인식됩니다. 따라서 배움은 고정불변의 현실을 기계적으로 암기하는 것이 아닌, 나의 불완전한 상태(=현실)를 자각하고, 계속해서 현실의 변혁을 지향하는 과정입니다.

참여적 페다고지의 특징과 적용

1) 위에서 언급한 바와 같이, 참여적 배움은 학습자의 경험과 지식, 언어, 몸짓 등에 바탕을 두는 배움 과정을 의미합니다. 참여적 배움을 참가자 수의 많고 적음, 발언수의 많고 적음 등으로 좁게 이해하는 것은 별로 바람직하지 않습니다. 온전한 배움이 억압되는 사회 상황에서는,

한 사람이 배움에 '참여'하는 일은 예상하는 것보다 훨씬 많은 단계별 과정과 복잡성, 장애요인을 갖고 있다고 전제하는 것이 더 현실적이라고 할 수 있습니다.

2) 학습자의 경험과 지식, 언어, 몸짓 드러내기를 우선시하고, 이러한 활동을 각 배움 단위의 앞 부분에 배치하는 것이 좋습니다. 그럼으로써 학습자의 경험과 언어, 몸짓 등에 담겨 있는 의미가 우선적으로 관찰되고 인정되고 소통되고 성찰될 수 있습니다. 이 과정에서 학습자가 존중감을 회복하며 자기 긍정이 일어나고 변화의 힘을 얻게 됩니다.

3) 학습자의 결정권, 선택권, 시간 점유, 공간 점유, 관심 받음의 빈도, 시선 받음의 빈도, 들음의 빈도를 높이도록 합니다. 그 만큼 교육 진행자의 비중은 낮춰지겠지요. 교사의 지식과 언어 및 몸짓에 바탕을 두는 교육이 교사의 권력을 강화하는 것과 달리, 배움의 힘 또는 권력이 학습자에게 우선적으로 주어지기 때문에 배움의 권력(power)가 교사로부터 학습자로 이양됩니다.

4) 학습자 상호간 작용을 확장시킵니다. 학습자 한 사람 한 사람과 교육 진행자 간의 작용보다, 학습자 간의 소통, 이해, 느낌, 교류, 협동, 관찰, 비교 작용을 증대시킵니다. 이를 통해 학습자 상호간의 배움이 일어나도록 합니다.

5) 참여적 페다고지는, 위계적 사회에서의 배움 초기 과정에 발생하는 두려움과 형식주의를 획기적으로 낮출 수 있습니다. 그 결과, 학습자에게 배움의 시공간이 편안해지는 안정감을 제공합니다. 그러한 안전한 시공간에서 배움에 대한 학습자 태도가 변화함을 체험하게 됩니다.

6) 이러한 태도 변화와 집단이 만들어내는 다양한 역동성은, '나홀로 배움' 즉 교육자와 학습자 일대일 종속적 관계의 교육 전통으로부터 탈피하게 하고 함께 배움으로의 변환을 가져옵니다. 즉 시킴을 당하는 학습 공간에서, 스스로 배우는 학습 공동체가 형성됩니다.

7) 학습공동체가 형성되는 과정은 배움의 수동적 태도가 적극적 태도로 변환되는 과정을 수반합니다. 적극적 배움의 큰 특징은 많은 질문과 문제 해결의 의지가 높아진다는 것입니다. 배움 과정 초기에 학습 공동체가 형성되면 수동적 배움에서 벗어나 문제해결의 문화를 형성하게 됩니다.

8) 이 과정을 또 달리 요약하면, 배움이 주어진 계획에 따라 고정되는 것이 아니라, 학습 공동체의 작용에 따라 매 순간 생성된다는 것을 의미합니다. 즉 참여적 배움의 각 단계가 학습자에 따라, 그 날의 기운에 따라 매우 다른 다음 단계를 필요로 할 수 있다는 의미입니다.

9) 참여적 페다고지에서는 계획된 과정을 그대로 하기보다는 학습자의 역동성과 상호작용 및 기운에 따라 진행자가 필요하다고 생각될 때마다 배움 과정을 변형시키고 창조해내야 하는 상황이 자주 발생합니다. 교육 진행자는 학습자들의 역동성을 보면서 학습을 하게 되며, 이에 따라 교육계획을 수정하게 됩니다. 즉 참여적 페다고지는 교육 과정 구성에서 유연함과 변동가능성을 요합니다.

> **Note**
> - 학습자가 경험과 지식, 언어, 몸짓 등을 존중하여 힘을 낸다.
> - 교사의 권력이 학습자에게 이양된다.
> - 학습자 상호간 작용, 소통, 이해, 느낌, 배움이 일어난다.
> - 초기 두려움에서 새로운 안정감으로의 변신을 체험한다.
> - 나홀로 배움에서 함께 배움으로, 학습 공동체가 형성된다.
> - 학습공동체는 수동적 배움을 벗어나 문제해결의 문화를 형성한다.
> - 배움은 고정된 것이 아니며 매 순간 생성된다.
> - 교사/진행자도 학습을 통해 교육계획을 수정하게 된다.

2. 대화식 페다고지 (Exchange Pedagogy)

대화식 페다고지는 교육자가 혼자서 하는 설명 보다, 학습자와 주고받는 대화를 중심에 두는 접근을 의미합니다. 거미줄 소통이라는 개념으로도 많이 시도되고 있는데, 이렇게 여러 방향으로 주고 받는 대화를 진행하면 자연스럽게 교육진행자는 한 방향으로 가르치는 스승으로서의 교사(敎師)의 역할과 달리 학습자의 소통에 실과 다리 역할을 하는 교사(橋絲)로 변신하게 됩니다. 이 과정은 '거미줄'과 같은 방향상의 효과보다 더 많은 의미있는 작용을 만들어냅니다.

대화식 페다고지는 말하는 권력, 즉 자신을 말로 표현함으로서 만들어지는 심리적 체험적 힘을 학습자가 가지도록 합니다. 권력의 이동, 힘의 이동이 일어나도록 하는 것입니다. 이 때 교육진행자는 학습자의 말을 잘 듣고 연결시킴으로서 그 힘을 상승시키는 역할을 합니다. 교육진행자의 권위와 신뢰는 말함에서보다 들음에서 발생하게 됩니다. 듣는 일은 수동적으로 될 수도 있지만, 학습자의 대화를 매번 의미부여 하고 환영해주고 다른 소통과 연결시키는 방식으로 적극적인 들음을 할 수도 있습니다. 적극적인 들음은 교육 진행자와 학습자 집단 사이에 국한해서 발생하는 현상이 아닙니다. 교육 진행자의 들음, 요약, 의미부여, 연계와 같은 실타래 역할은 다른 학습자들에게 경청의 기운을 높이고, 이를 통해 집단적인 적극적 들음을 가능하게 합니다. 즉 교육 진행자의 적극적인 들음 속에서 대화 속에서 상승, 증폭, 이차-삼차의 배움 효과가 일어납니다.

대화식 페다고지는 또한 새로운 언어를 찾아내고 습득하고 실습하는데 매우 유용합니다. 여럿을 보고 하는 말함과 다중적 들음 속에는 평소의 빠른 일대일 대화 또는 일방적 들음 보다 훨씬 많은 언어적 작용이 발생합니다. 여럿과의 말함에서도 자신의 언어가 더 명료하게 들리고 재검토되며, 비슷하면서도 다른 여럿의 여러 목소리 속에서, 같은 어휘나 개념의 동질성이 붕괴되기도 하고 또 다른 어휘와 개념이 연결되기도 합니다. 교육 진행자의 의미 부여, 연계, 상승 역할에 따라 이러한 교차적 작용 (대화의 역동성은 교차이기 때문에)은 기존의 언어에 새 옷을 입히는 것과 같은, 언어적 창조, 언어적 창의성을 높이는 효과가 있습니다.

대화식 페다고지를 촉진하기 위해서는 좋은 질문을 제기하는 것이 좋습니다. 좋은 질문의 힘이 대화식 페다고지의 꽃이라고도 할 수 있습니다. 질문은 제기되는 순간, 학습자는 탐험과 여행을 떠나게 됩니다. 질문은 대화를 정체시키지 않고 움직이게 합니다. 단계적으로 제기되는 좋은 질문은 학습자들이 자발적으로 스스로의 정신세계를 생성하는 일을 돕습니다. 이 생성에는 힘의 생성이 함께 합니다. 질문을 통해 교육 진행자는 다리와 실의 역할을 매우 적극적으로 수행할 수 있습니다. 배움 공동체에서 질문을 통해 다중적 언어와 다중적 지성이 생기는 과정에서는 종종 아하의 순간들이 발생합니다. 이러한 과정은 서로가 서로를 깎아내리는 제로섬 게임과는 완전히 다른, 서로가 서로에게 선물을 주는 윈-윈의 힘, 교류의 힘을 경험하게 합니다.

대화식 페다고지에서는 즉각적인 답 찾기, 하나의 정답 찾기, 양자택일적 토론, 암시된 결론을 권장하지 않습니다. 대화가 지향하는 수평성, 민주성, 개방성에 역행하기 때문입니다. 그래서 대화식 페다고지를 사용하는 교육 진행자는 모든 의견에 개방적인 태도를 보이고 하나하나 의미를 부여하는 노력을 해야 합니다. 특히 대화의 초기에는 어느 정도 혼란스러워 보이더라도 많은 수의 다양한 의견, 다양한 감성, 다양한 가능성이 모두 대화의 탁자위에 마구 높여지도록 하는 것이 더 바람직하다고 할 수 있겠습니다. 무색으로 보이는 햇빛을 프리즘을 통해서 수많은 색으로 펼쳐지게 하는 것이 대화식 페다고지의 미학이라고도 할 수 있습니다. 무색에서 많은 색이 보이기 시작하고 그 중 각자 좋은 하는 색이 다른데, 그 많은 다름이 모여서 아름다움을 만들어내는 모습이 대화식 페다고지가 추구하는 아름다움이라고 할 수 있습니다. 이 미학으로부터 단답형, 속답형 정답의 세계, 지시형, 명령형 양자택일의 이분법적 세계가 갖고 있는 무미건조함이 드러나게 됩니다.

대화식 페다고지는 학습자에게 언어상의 해방을 경험하게 합니다. 규율과 성과 중심의 교육은 금기 사항을 양산합니다. 금기는 벌칙을 필요로 합니다. 이 연쇄작용은 언어상으로 '○○ 하지마', '하면 되는데 왜'와 같은 지시형, 압박형 언어를 낳습니다. 이러한 문법이 주류의 문법으로, 즉 문화로 인식됩니다. 불행히도 이러한 언어 문화는 학습자에게 많은 억압을 낳습니다. 반면 위와 같이 진행되는 대화의 배움은 규율과 목적으로부터 해방되는 시공간을 열게 됩니다. 금지 언어 대신 가능성의 언어, 언어의 미세한 차이, 차이를 통한 다변화와 변용을 경험합니다. 여행의 목적지에 도달하려는 조급함 보다 자유로운 여정 자체에서, 그 길 위에서의 다양한 교류로부터 즐거움을 발견하는 경험과 비슷하다고 할 수 있습니다. 유쾌한 수다가 가져다주는 교류의 쾌감과도 통합니다. 대화의 페다고지는 이렇듯 금지중심의 언어체계에서 해방되는 쾌감을 학습자들에게 제공함으로서 배움의 힘을 상승시킵니다.

> **Note**
> - 교사(教師, 가르치는 스승)가 교사(橋絲, 실타래-다리)로 변신한다.
> - 말하는 권력, 듣는 힘을 학습자=교사(橋絲)가 가진다.
> - 스스로 말함과 들음 속에서 새로운 언어가 창조된다.
> - 수평적 비교, 풀어놓기, 다양성의 강점을 체화한다.
> - 단답형, 속답형, 지시형, 양자택일형 패러다임의 대

안을 체험한다.
- 금지중심의 언어체계에서 해방되는 경험을 제공한다.

3. 문화예술적 페다고지 (Artistic-Cultural Pedagogy)

온 존재적인 체험으로서의 문화예술적 페다고지는 자신의 '몸'에 대한 새로운 발견을 필요로 합니다. 아리스토텔레스는 예술이란 자연을 모방하는 것이라 말하기도 했습니다. 자연을 모방하는 것이 예술이라면 자연의 일부이자 자체인 사람의 '몸'은 이미 예술을 담지하고 있습니다.

그렇기에 타인의 아픔과 고통에 공감하며 사회의 구조적, 문화적 폭력에 대한 스스로의 민감성을 발견해가는 과정으로서의 평화교육에 있어 개개인의 예술적인 체험과 경험은 어떠한 인지적 교육보다도 중요할 수 있습니다. '들은 것은 잊어버리고 본 것은 기억하고 직접 해본 것은 이해한다'는 공자의 말처럼 객체에서 생산적 또 생성적 주체로 전환되는 예술적 경험은 어떠한 인지적 교육보다도 오래 남는 메시지가 될 수 있습니다. 생성적 주체의 경험을 가진 학습자는 더 이상 수동적인 은행저금식 교육의 객체가 아닌 자기주도적 참여자이며 학습자인 동시에 동료교수자로써 스스로 공감과 성찰, 사유를 통해 자신의 언어를 획득하며 고유한 주체로 다른 주체들과의 상호배움을 지속해나갈 것입니다.

문화예술적 페다고지는 수동적 감상자가 아닌 능동적 참여자인 학습자들이 배움의 과정 속에서 상호작용을 통해 섬세한 차이들을 지속적으로 드러내어 차이의 스펙트럼을 확장해나감으로써 평화교육을 더욱 더 개별적이면서도 창조적이고 느리고도 깊은 배움의 과정이 되도록 합니다.

> **Note**
> - 감수성은 예술성이다.
> - 무감각은 아름다움을 공격한다.
> - 미, 쾌, 숭고, 교호, 모방, 감촉이 포함되는 것은 예술적이다.
> - 모든 사람이 가진 예술의 힘(미, 숭고, 쾌, 촉...)을 발현할 수 있다.
> - 시각, 청각, 촉각, 시지각과 공감각, 율동, 육감, 상상을 증폭, 개발한다.
> - 자신에게 잠재되어 있는 문화예술적 감수성과 힘을 찾고 이를 긍정한다.
> - 예술을 분리하고 고립시킨 근대과학적 패러다임의 대안을 체험한다.
> - 감정의 다양화, 다변화를 체험함으로써 이분법적 세계관에 대항한다.
> - 지속되는 감수성을 형성시킨다(거부감보다는 미적 감동이 오래간다.)

4. 비판-창조적 페다고지(Critical-Creative Pedagogy)

P.E.A.C.E 페다고지에서 집중하는 '비판창조적 페다고지'의 비판은 관념적인 비판 또는 부정적인 비판만이 아닌 삶의 구체적인 현장에서 출발한 비판을 통해 구조화된 폭력으로부터 거리를 두고 평화적인 대안을 창조하며 해방을 경험하는 '변혁'에 초점을 둡니다. 파울로 프레이리는 대부분의 정책과 교육계획이 실패로 돌아간 이유를 교육정책의 입안자가 "교육내용을 이수할 '상황 속의 인간'을 전혀 고려하지 않고 (즉, 피교육자를 단순히 자기 행동의 대상으로만 여기고) 자기의 개인적 현실관에 따라 프로그램을 작성했기 때문"이라고 했습니다.

비판창조적 페다고지에서 중요한 것은 참여자가 교육의 주체가 되는 것입니다. 그렇기에 학습자들의 창조성을 극대화시키고 단순한 사고가 아닌 다변적이고 종합적인 사고를 경험할 수 있는 몸을 통한 다양한 감수성의 자극이 무척 중요합니다.

몸을 통한 창조적 활동은 대상을 낳고, 관찰을 낳고, 거리를 낳습니다. 이 거리는 일상화된 권력구조로부터의 일시적인 이탈을 가능하게 합니다. 몸을 통한 창조적인 활동은 사물과 사람, 사람과 사람을 연결하며 생명과 생명을 연결합니다. 즉, 고유한 존재들을 고유하게 연계함으로써 개별적이며 특이하고 역동적인 그 연계과정에서 발생하는 관계의 변형 역시 고유하게 합니다.

비판-창조적 페다고지는 '거리'를 둠으로써 가능해지는 '조망'과 '관찰'로부터 '낯설게하기'의 경험을 끌어내고 그 '낯설어짐을 가능하게 하는 거리'로부터 새로운 가능성을 '창조'하는 것에 주목합니다. 움직임의 동적 과정과 변화, 변형이 가지는 특이성과 보편성의 철학을 동시에 담아내고 있으며 몸과 정신, 감각을 모두 활용하는 창조적인 활동을 통해 연계적인 생태적 사유와 그 사유의 실천을 문화예술적으로 표현해내어 이분법적 패러다임에서 근대적 이성의 지배적 위치를 재배치하고자 합니다.

비판-창조적 페다고지를 통해서 경험하고자 하는 '비판으로부터의 창조'는 일상으로부터 '거리'를 확보하는 작업을 필요로 하며 이는 상당한 노동을 요합니다. 일상을 새롭게 보려는 노력은 일상적인 삶의 속도와 패턴, 루틴으로부터 벗어나야하기 때문입니다. 기존의 관성을 거스르는 과정에서는 저항을 느낄 수밖에 없고 그에 따라 힘이 들 수밖에 없습니다.

'노동(勞動, labour)'이라는 말은 '힘들여 움직인다'는 의미를 가지므로 두뇌활동에 집중하는 관념적 작용만이 아닌 몸을 직접 움직이는 행위로서의 '거리두기'는 관념적 작용과 몸이 조응(照應)하게 하는 효과가 있습니다. 즉, 머리로만 생각하는 것이 아니라 몸을 직접 움직임으로써 몸짓을 통해 창조적 공간을 또 다른 말로는 해방적 공간을 열어보이는 것입니다.

현실을 살아가는 여럿의 몸짓을 통해 폭력을 변형하고 재구성하는 과정은 여럿이 힘을 들여 현실을 만들어 가는 과정이 되며, 이 때 여럿의 노동은 구상과 상상, 협력과 조절을 필요로 합니다. '여럿의 노동'이라는 점에 주목한다면 연극, 마임, 춤과 같은 여럿의 노동이 만들어내는 문화예술적 표현물은 언어를 통한 관념적 토론의 결과와 성격이 매우 다르며 현실을 동시적으로 다른 시공간에서 재구성하는 '재현성'이 매우 강합니다. 따라서 노동을 포함하는 창조적 활동은 변형을 통해 그 순간과 그곳에서만 발생하는 고유한 특성을 만들어내며 비문자언어와 추상화된 소통과 상상력이 우선적으로 이루어지게 되면서 고정화된 문자언어를 넘어서는 존재간의 소통을 가능하게 하며 문자언어가 지닌 한계와 불안을 드러냅니다. 그렇기에 여럿이 힘을 모으고 조절하고 반응하며 만들어기는 문화예술적 활동은 구체적인 현실을 불러들여 구조적 문제를 발견하며 그 문제에 대한 창조적인 대안을 찾아내는 비판창조적 페다고지의 핵심적인 요소입니다.

따라서 평소와 다른 몸짓을 해 본다는 것은 새로운 언어, 사회성, 권력관계를 시도해 보는 것으로 이해할 수 있으며, 여럿이 새로운 몸짓을 시도하고 연결시키고 함께 이야기를 구성하는 것은 지금, 여기의 현실에서 매우 많고 다양한, 새로운 해석과 가능성들이 창조되는 공간을 여는 일입니다. 이러한 새로운 몸짓언어는 근대 이성중심의 지적 체계에서 순환과 생명, 생산과 생태를 부각시킬 수 있는 창조적인 활동이기도 합니다. 새로운 몸짓을 시도하는 것은 불편함을 수반할 수 있습니다. 이 불편함을 아우구스또 보알은 우리 내면의 경찰이라고 표현했습니다.

해방적 연극은 고요함과 평형상태를 만드는 것이 아니라 행동을 예비하는 불균형의 행위 창출을 목표로 합니다. '보여줌'과 '봄' 사이의 불균형, 주어진 이야기와 새로운 이야기 사이의 불균형, '관람하던 나'와 '표현하는 나', '소비하던 나'와 '생산하는 나' 사이의 불균형, 반복하면서 변형되는 이야기의 불안, 즉 현실의 불안을 만들어내는 것을 목표로 하며 이 불균형은 역동적 변화의 예비단계이기도 합니다.

불균형에서 역동적 변화로 가기 위해서는 '그래도 괜찮을까?'라는 내면과 외면의 걸림돌들이 사라져야 합니다. 그렇기에 무대와 현실은 경계를 넘나들며 더 이상 명확히 구분되지 않고 더 이상 배우(actor, 행위자)와 관객이 고정되지 않으며 스스로의 움직임을 검열하는 이성이 미리 포석해 둔 걸림돌들을 치워내는 상상을 지속적으로 하면서 느껴지는 걸림돌을 몸과 언어로 표현해냅니다.

이 표현이 이루어지는 순간에 해방적 카타르시스가 발생할 수 있으며 이 순간 단순히 보기만 하던 관객(Specatator)에서 생각하는 복합적 시청자로서의 관객으로 또 수동적인 '봄'에서 적극적인 '개입, 연출, 즉 행동의 주체(Spect-actor)'로 변화하며 그 변화가 살아 움직이는 '중심'이 된다. 정해진 스토리, 연출, 배우들이 무대 위에 고정된 과거의 중심이었다면 이제는 관객행위자(Spect-actor)가 새로운 중심이 되는 것입니다. 이 과정이 바로 내면의 경찰로 해방되는 카타르시스의 과정입니다. 현실이 이러한 연극적, 연희적 재현을 통해 변형될 수 있다면 여럿이 함께하는 이러한 새로운 몸짓은 '힘을 들여 현실을 바뀌는 상황을 앞당겨 재현해 냄'으로써 '노동한 사람들이 함께 힘을 얻는 과정'으로 이해할 수 있습니다.

> **Note**
> - 거리를 두어 타자가 되어봄으로써 내재화와 외재화를 경험한다.
> - 현실과 '우리'의 변화/변형 가능성을 상상하고 실험한다.
> - 거리로부터 새로운 가능성을 창조함으로써 생산자의 쾌감을 체험한다.
> - 경험의 간접적 체험이자 문제해결의 연습이다.
> - 창조노동하는 사람들 간의 끊임없는 소통과 협상이 이루어진다.
> - 예술적인 학습공동체의 공동 노동의 과정은 공동체의 역사가 된다.

5. 낯설게하기의 페다고지 (Estranging Pedagogy)

낯설게하기의 페다고지는 비판창조적 페다고지에서 언급되었던 '거리두기'와 깊이 연결되어 있습니다. 아우구스또 보알은 '연극하는 나를 관찰하는 나'에 대해서 말했습니다. 파울로 프레이리 역시 문제제기식 교육을 통해 균열과 불균형의 경험 속에서 자신에게 향하는 '의식', 다시 말하면 '의식에 대한 의식으로서의 의식'을 이야기했습니다. 나로부터의 거리두기는 익숙한 나를 '낯설게 봄'으로써 하나의 단일한 존재로서의 내가 아닌 다양한 욕구와 성향이 복합적으로 작용하고 구성되어가는 생성적 존재로서의 나를 발견할 수 있게 합니다.

평화교육에서 폭력에 대한 감수성을 강조하는 방식은 크게 두 가지로 구분될 수 있습니다. 하나는 폭력의 끔찍함을 부각시켜서 이에 대한 혐오의 감정과 거리두기를 시도하는 것입니다. 잔학과 고통을 강조하는 접근의 부작용은 여러 사람들에 의해 거론되어 왔습니다. 또 다른 방식은 폭력에 대한 자신의 무감각과 둔감성에 깜짝 놀라는 경험을 통해 스스로에게서 거리를 두게 되는 접근입니다. 이는 반복과 복제된 현실이 마치 매트릭스와 같은 세계임을 깨닫고 화들짝 놀라 꿈에서 깨는 것 같은 낯설게하기의 접근이라 할 수 있습니다.

문화예술적 페다고지는 사람관계를 재현함으로서 기존

관계로부터 거리를 두고 낯설게 보며 그 관계에 새로움을 만들어내는데 유리합니다. 타자의 경험과 시선을 가지고 들어와야 하는 평화교육은 보이지 않는 목소리와 모습을 들리게 하고 보이게 하는 페다고지를 필요로 합니다. 이 때 교사는 삶의 공간을 새롭게 전시하고 배치하는 큐레이터이자 연극 연출자와 같은 역할이 되어 새로운 창작의 기회를 만들고 그 창작물이 전시, 또는 공연되는 기회를 통해 재현되는 현실 속에서 새로운 '현실'을 창작하도록 학습공동체를 지원할 수 있습니다.

그 과정 속에서 학습자는 타인이 되어보고 들리지 않는 목소리를 들리게 하며 마음속의 느낌과 언어를 가시화할 수 있으며 자신의 감정을 포함해서 다양한 지각과 감각등 자신 안의 여러 목소리 즉, 다중성을 드러냄으로써 가상의 현실에서 새롭게 자신을 표현할 뿐 아니라 그 표현물로 학습의 상황, 즉 현실을 재구성할 수 있습니다.

또 대화의 페다고지는 낯선 장소에 가서 낯선 사람과 문화를 만나는 여행과 비슷하다고 할 수 있습니다. 익숙한 일상을 떠나는 여행의 경험이 줄 수 있는 생각할 수 있는 거리는 사유와 성찰에 무척 중요한 역할을 합니다. 매일 여행을 떠나듯 자신과 자신이 익숙해진 것에 대해 질문을 끊임없이 던지며 대화하는 경험으로서의 낯설게하기는 이렇게 여행으로 비유될 수 있습니다.
사람은 모두 태어나는 순간부터 삶이 끝나는 순간까지

오롯이 자기 앞의 생(生)을 감당하며 살아가야 하는 존재입니다. 인식할 수 있는 나를 제외한 다른 모든 이들은 나의 타자가 되는 것이고 그렇게 나는 타자들에 둘러싸여 있으며 나 역시 누군가의 타자이므로 세상 속에서, 관계 안에서 살아가는 한, 나(현존재)는 항상 타자를 의식할 수밖에 없습니다. 즉 나(현존재)에게 타자는 이미 전제되고 또 이해되고 있는 존재인 것입니다. 타자는 자아의 상대되는 개념으로 이해될 수 있으며 존재하는 모든 '나'들, 즉 '현존재'들에게 세계는 공유되는 공동의 세계이고, 이 공유된 세계 속의 우리는 서로에게 타자이지만 동시에 함께하는 나, 즉 현존재(Mitdasein)인 것입니다.

이런 낯설게하기의 여행으로서의 대화식 페다고지는 배움공동체의 구성원이 다양하면 다양할수록 그 내부의 잠재적 차이와 차별의 가능성을 더욱 강렬하게 드러낼 수 있습니다. 다양한 구성원들로부터 타자로서의 나와 나로서의 타자를 직면하고 발견하는 과정은 확대된 인식, 긴장된 소통, 지속적인 협상과 타협, 끊임없는 자기 대상화를 필요로 합니다. 이 자기 대상화의 경험은 나를 '타자화'하는 경험이라고 표현될 수 있습니다.

대화의 페다고지에 낯설어게하기의 페다고지를 더하는 방식으로 발전시키면 아하의 순간을 만들어내는 페다고지에 가까워질 수 있습니다. "아하의 순간"이란 프레이리의 교육론에서 소개된 것으로 학습자 안에 오랜 시간

동안 축적된 지식과 질문, 스며들어온 타인의 존재와 자신의 감정 등이 한 순간에 결합되면서 학습자가 비약적 변화를 경험하는 순간, 즉 학습자 스스로 깨닫는 그 순간을 의미합니다. 다시 표현하자면, 친숙하고 익숙하던 지속성에 낯설지만 반가운 균열이 생기는 순간이라고 말할 수 있습니다.

현대 사회는 관객 스스로 무대 위에 묘사된 사건이나 묘사 자체에 대하여 이의를 제기할 수 없도록 제한합니다. 수동적인 관객으로서 연출과 기획에 끼칠 수 있는 영향력은 거의 없고 보여주는 대로 또 보여지는 대로 수용하도록 위치되는 것입니다. 하지만 변화를 위해서는 관객이 비판적 자세를 가지고 목소리를 낼 수 있어야 합니다. 이런 비판적 사고를 놓치지 않게끔 하는 시도로서의 낯설게 하기는 현대사회에 만연한 폭력과 폭력성에 무작위로 노출된 현대인들에게 폭력을 비판적으로 바라보고 성찰하고 폭력의 대안을 상상하게 할 수 있는 힘이라는 측면에서 모모의 평화교육에 있어 함의하는 바가 무척 큽니다.

> **Note**
> · 나와 의식하는 나 사이의 거리를 조절하는 힘을 기른다.
> · 현상으로부터 거리를 두고 비판적으로 사고하고 사유할 시공간을 창조한다.

- 익숙한 고향에서 벗어나 낯선 곳으로의 여행을 경험하는 것이다.
- 낯설어짐이 갖는 당황, 두려움, 쭈뼛거림, 경직, 시간의 멈춤을 체험한다.
- 질문 중의 질문, 최고의 질문은 모두 낯설게 하기이다.
- 아하!의 순간, 큰 배움의 순간이다.
- 주류 지식의 권위를 붕괴시킨다.

참고자료

권혁범 (2000) "한반도 분단현실과 통일교육의 방향: 평화와 인권을 지향하는 탈분단의 시민교육을 향하여", 한국정치학교 춘계학술회의

김병로 (2016) 분단폭력, 1장 한반도 비평화와 분단폭력 p.32

동국대학교 분단/탈분단센터 학술대담 '분단은 어떻게 수행되는가' 취지문, 2015년 3월 31일

문승숙 (2007, 이현정 역), 군사주의에 갇힌 근대: 국민만들기, 시민 되기, 그리고 성의 정치, 또하나의 문화, Katherine H.S. Moon, [Sex Among Allies: Military Prostitution in U.S.-Korea Relations], Columbia University Press, 1997.

백낙청 (1998), 흔들리는 분단체제, 창비, p.104, p.161

백낙청 (2009), 어디가 중도며 어째서 변혁인가. 창비, pp.271-272

이동기, 송영훈 (2014), 평화.통일교육 추진전략 연구, 유네스코 한국위원회

이대훈 (2016), "모두가 모두로부터 배우는 P.E.A.C.E. 페다고지 평화교육", 피스모모

조르조 아감벤 저, (2009, 김향 역), "예외상태", 새물결, p. 15.

조우현, 조영주 (2014), 분단연구의 동향과 과제, 북한학연구 제10권 제2호, pp.52-54.

조정아 (2007), "통일교육의 쟁점과 과제", 통일전략연구 제16권, 제 2호, pp.285-306.

전효관, "분단의 언어. 탈분단의 언어: 통일 담론과 북한학이 재현하는 북한의 이미지", [통일연구] 2권 2호, 1998. pp.43-71

정현백, 김정수 (2007), "평화지향적 통일교육의 이해", 통일교육원

정혜인 (2013), "한반도 평화체제 구축을 위한 헌법적 고찰", 전남대학교 세계한상문화연구단

한상훈 (2012), "전쟁과 인민", 돌베개. pp.162-163

한종수 (2002), "독일의 국가연합과 한반도 통일방향", 國際政治論叢 제42집 2호, pp.175-194

홍민, "분단과 예외상태의 국가: 분단의 행위자 - 네트워크와 국가폭력", 북한학연구 제8권 제1호, 동국대학교 북한학연구소, 2012, pp.69-79.

Agamben, Giorgio (2003) State of Exception(Stato di eccezione). Translated by Kevin Attell.University of Chicago Press. p.104

Allen, Chris (2017) Towards a Working Definition of Islamophobia, University of Bermingham

Apple, Michael (2013) Can Education Change Society? Routledge. p.22

Boal, Augusto (2000) Theater of the oppressed. Pluto Press. pp.167-192

Bowman, Ruth Laurion (1997) "Joking" with the Classics: Using Boal's Joker System in the Performance Classroom. Theatre Topics, Johns Hopkins University Press, Volume 7, pp.139-151

Dillon, Michael (1996) Politics of security: Towards a political philosophy of continental thought, Routledge.

Freire, Paulo (2000) Pedagogy of the oppressed, Continuum International Publishing Group. Inc.

Tickle, Les (2001) The organic intellectual educator, Cambridge Journal of Education, pp.159-178; Antonio Gramsci (2005) The intellectuals, Contemporary Sociological Thought: Themes and Theories Canadian Scholar Press Inc. pp.49-58

Smith, Hazel (2000), "Bad, Mad, Sad or Rational Actor? Why the 'Securitization' Paradigm Makes for Poor Policy Analysis of North Korea", International Affairs, Vol. 76. No. 3 pp.593-617

Waever, Ole (1995) "Securitization and Desecuritization", in Ronnie D. Lipschutz ed., On Security, Columbia University Press.

피스모모는
피스모모는 평화와 배움, 평화와 일상을 연결하는 플랫폼입니다. 서로배움을 통해 평화커먼즈(peace commons)를 실천하는 시민공동체를 확장해갑니다.

www.peacemomo.org

/The Slash는
더슬래시는 평화와 커먼즈의 관점에서 현실을 조망하고 사유하는 언론을 표방합니다. 현실은 고정되어 있지 않으며 수많은 만남 속에서 변화하고 또 변화합니다. 그렇기에 더슬래시는, 그 변화의 방향이 '모두의 것으로서의 평화'를 향하도록 고유한 속도와 목소리로 이야기하고자 합니다.

www.theslash.online